L'ÉVÉNEMENT

DE

PONTMAIN

RACONTÉ ET DISCUTÉ

PAR

A. LEFRANC

PARIS
LIBRAIRIE VICTOR LECOFFRE
J. GABALDA, Éditeur
RUE BONAPARTE, 90

L'ÉVÉNEMENT

DE

PONTMAIN

L'ÉVÉNEMENT

DE

PONTMAIN

RACONTÉ ET DISCUTÉ

PAR

A. LEFRANC

PARIS
LIBRAIRIE VICTOR LECOFFRE
J. GABALDA, Éditeur
RUE BONAPARTE, 90

Valle Guidonis, 5 Septembre 1922.

Nihil obstat.

L. BOSSUET,

Cen. Lib. Dep.

IMPRIMATUR :

Laval, 28 Février 1923.

† EUGÈNE J.,

Év. de Laval.

Lettre de Mgr l'Évêque de Quimper à l'Auteur.

Évêché de Quimper
et de Léon.

Quimper, le 1er août 1923.

Mon cher Ami,

J'ai tout lu d'un trait. Le récit est d'une vérité impressionnante, et le commentaire portera la conviction dans l'âme des pèlerins.

Je n'ai visité Pontmain qu'une seule fois. La foule était immense. Elle priait avec un élan comparable à celui des premiers chrétiens de l'Eglise. Mais je dois dire que mon émotion venait moins de ce spectacle touchant que de la vision merveilleuse dont furent favorisés les voyants du 17 janvier 1871, et que mon imagination ne cessait de faire revivre dans tous ses détails, tandis que mes yeux ne perdaient pas de vue l'horizon précis qui en avait été le théâtre, au-dessus de la maison encore debout devant moi...

On touche à Pontmain le surnaturel comme à Lourdes. Ici la Vierge a parlé. Là Elle a écrit. La même leçon de foi et de pénitence a été donnée au monde dans les deux cas. Mais à Pontmain l'appel à la France est plus spécial. La France n'a pas encore répondu avec assez de cœur, par des pèlerinages assez fréquents et des foules assez nombreuses. L'heure attendue viendra.

Cette nouvelle histoire du grand miracle hâtera, j'en suis sûr, ce moment béni, et l'écrivain qui a écrit cette œuvre de bonne foi trouvera une partie de sa récompense dans le progrès croissant de ce Pèlerinage aussi national que religieux.

Avec ma bénédiction, veuillez agréer, mon cher Ami, l'assurance de ma fidèle affection en N.-S.

† ADOLPHE,
Evêque de Quimper.

AVANT-PROPOS

Un mot sur le miracle.

Si vous parlez de miracle à beaucoup de gens, ils sourient avec dédain, sans vous répondre. On sent qu'ils vous prennent pour des ignorants et des esprits faibles : la politesse seule les empêche de vous le dire en face.

— Le miracle! Quelle illusion! Comment des gens intelligents et instruits peuvent-ils admettre ce qui est contraire à la raison humaine? Le miracle n'existe pas, parce qu'il ne peut pas exister.

Voilà le premier article du *Credo* des libres-penseurs. Chacun d'eux apportera ses raisons particulières pour établir la prétendue impossibilité du miracle : mais tous s'entendront pour proclamer l'intangibilité du principe lui-même. Eux, qui n'ont aucune foi, ils ont la foi dans ce principe. Tous les faits contraires à ce nouveau dogme seront rejetés par eux, sans même être examinés.

« Si l'on m'assurait, disait Voltaire, qu'un mort

est ressuscité à Passy, je me garderais d'y courir: je reviendrais peut-être aussi fou que les autres. »

« Si, passant devant l'Institut, dit un autre, on me disait qu'un miracle se produit sur la place de la Concorde, je ne me détournerais pas de mon chemin pour aller voir. »

Ces prétendus savants se disent libres, et ils sont les prisonniers de leur philosophie.

Examinons donc leur fameux principe, auquel ils sacrifient tout, même les suggestions du sens commun.

« Le miracle, dit Voltaire, est la violation des lois mathématiques qui sont immuables et éternelles. »

Ici, Voltaire confond les lois mathématiques, qui sont nécessaires et absolues, avec les lois physiques essentiellement contingentes. Un malade peut être subitement et miraculeusement guéri, sans que, pour cela, deux et deux cessent de faire quatre.

— Mais, répliqueront quelques savants modernes, les phénomènes physiques sont eux-mêmes soumis aux lois mathématiques; la question, quoique déplacée, reste entière.

Il est faux de dire d'une façon absolue que les lois mathématiques régissent seules la matière. On peut, on doit simplement admettre que l'évolution du monde matériel et visible est soumise à des formules qu'il est possible de discuter mathématiquement, *pourvu que l'on tienne compte de nombreuses exceptions*. D'ailleurs les formules complexes et abstraites, appliquées surtout à la matière organique, contiennent toujours une inconnue.

Nous voilà donc loin de la rigueur absolue des mathématiques, et, pour écarter l'objection, il suffit de considérer le miracle comme une des nombreuses exceptions qu'on rencontre dans l'explication des lois naturelles. A cela il n'y a rien d'absurde. La formule qui fixe à quatre degrés au-dessus de zéro le maximum de contraction de l'eau n'est pas contraire à la raison; pourtant elle est une exception par rapport à d'autres lois plus générales.

— Un miracle est une absurdité, dira un autre savant, puisque c'est un fait qui n'a pas sa raison suffisante.

Il est facile de répondre que le phénomène miraculeux a justement sa raison suffisante dans l'intervention de la puissance divine.

— Mais Dieu, répliquera-t-on encore, dérogerait, en faisant un miracle, aux lois établies par lui : il y aurait donc en lui changement et contradiction.

Dieu a prévu de toute éternité les exceptions que lui-même, pour des raisons supérieures, apporterait à ses propres lois. Le miracle ne viole donc pas ces lois premières, il vient simplement les compléter.

Il en est ainsi de la liberté humaine. A tout instant, elle modifie le cours des phénomènes physiques, en agissant sur la matière. Mais elle n'est pas pour cela en contradiction avec la rigueur des lois naturelles : car Dieu a prévu cette fréquente intervention de notre liberté; il l'a admise comme une cause parmi les autres causes qui régissent notre petit monde. Aussi, notre liberté, loin d'être un désordre, donne au contraire à la création une plus vaste et plus complète harmonie.

D'ailleurs, les philosophes qui ne croient ni à la liberté humaine, ni à ce qu'ils regardent comme impossible, conforment bien rarement leur vie à leurs maximes.

Au siècle dernier, vers l'année 1865, vivait, à Paris, un professeur de philosophie, qui ne croyait pas au miracle pour la raison qu'il le jugeait impossible. Ce libre-penseur passait ses vacances à la campagne, dans une petite propriété, qu'il possédait en Normandie. Un matin, par un beau temps, il s'en allait, sans trop savoir où, lisant un de ses auteurs de prédilection, absorbé dans sa lecture et dans les pensées qu'elle lui suggérait. Il suivait un petit chemin, à travers des vergers plantureux, quand tout à coup, à vingt pas devant lui, il vit un énorme lion qui le regardait et semblait prêt à bondir sur lui pour le dévorer.

Puisque ce philosophe ne croyait qu'à ce qu'il admettait comme possible, je suppose que, à ce moment, il se soit tenu le langage suivant :

« Je suis dans un pays où on ne peut rencontrer de lions à l'état sauvage, comme dans les déserts de l'Afrique. Donc ce lion, que je crois voir, n'est pas un animal du pays.

« D'autre part, il ne peut pas être là accidentellement. En effet, il n'a pu que s'échapper d'une ménagerie. Or, il n'y en a pas à cent lieues à la ronde. Si un cirque, ou une ménagerie quelconque, s'était trouvé de passage aux environs, les deux journaux locaux, que je lis tous les jours, m'en auraient informé.

« Puisque des raisons décisives s'opposent à la présence de ce lion, je conclus que cet animal n'est pas réellement devant moi. Comme un vrai philosophe doit conformer sa conduite à ses principes, je continue tranquillement mon chemin, sans tenir compte d'une chose qui ne peut pas exister. »

L'histoire nous dit pourtant que le grand philosophe s'arrêta, et qu'ayant aperçu tout près de lui une cabane où un maraîcher mettait ses outils, il s'y précipita, ferma la porte et attendit du secours.

Il y aurait eu une fissure dans le raisonnement du professeur, une possibilité imprévue.

Une voie ferrée traversait le pays; ce lion s'était échappé de sa cage transportée en chemin de fer.

Un miracle est justement cette possibilité imprévue, cette fissure dans l'argumentation des philosophes.

Aux yeux de Renan, le miracle rendrait toute science impossible. « La condition de la science, dit-il, est de croire que tout est explicable naturellement, même l'inexpliqué. Ce principe, chers confrères (il s'adresse à ses collègues), vous l'appliquez tous les jours. Chacune de vos leçons suppose le monde invariable. Tout calcul est une impertinence, s'il y a une force changeante qui peut modifier à son gré les lois de l'univers, si des hommes réunis en priant ont le pouvoir de produire la pluie ou la sécheresse. Si on venait dire au météorologiste : « Prenez garde, vous cherchez des lois naturelles où il n'y en a pas : c'est une divinité bienveillante ou courroucée qui produit ces phénomènes que vous croyez naturels », la météorologie n'aurait plus de raison d'être. Si on venait dire au physiologiste ou au médecin : « Vous cherchez les raisons des maladies et de la mort : c'est Dieu qui frappe, guérit, tue », le physiologiste répondrait : « Je cesse mes recherches, adressez-vous au thaumaturge. »

Voilà Dieu mis en demeure de ne pas guérir, de ne pas même soulager un pauvre malade; le voilà empêché d'accorder un peu de pluie aux prières d'une population; il nuirait à l'art des médecins ou à la science des météorologistes!

Nous autres, simples mortels, nous raisonnons autrement. Puisque la science a pour objet principal le bien de l'humanité, nous sommes heureux que parfois Dieu se fasse le collaborateur des savants, au risque d'empiéter un peu sur leur domaine. Les rares dérogations que le miracle apportera aux lois physiques seront des exceptions qui ne détruiront pas la règle, mais qui la confirmeront.

Les adversaires du miracle ne pouvant le combattre efficacement dans les sphères de la métaphysique, ou même de la physique abstraite, prennent pied dans le domaine du réel et du tangible.

Dans son Introduction à la *Vie de Jésus*, Renan a écrit cette phrase qui, depuis, a été souvent répétée : « Nous ne disons pas : le miracle est impossible; nous disons : il n'y a pas eu jusqu'ici de miracle constaté. »

Les certificats qui établissent les guérisons miraculeuses de Lourdes sont signés par plus de trois mille médecins qui tous avaient leurs diplômes.

Il ne tenait qu'à Renan, et il ne tient encore qu'à ses disciples, de constater quelques-uns de ces miracles : ils n'ont que l'embarras du choix.

A Lourdes, le bureau des constatations est ouvert à tous les savants et à tous les docteurs du monde entier. Plus de cent défis ont été portés aux incrédules, aucun n'a été relevé.

Messieurs les incroyants, qui vous prévalez de votre science, vous vous penchez avec sollicitude sur la matière, vous l'étudiez avec un soin scrupuleux, afin d'en surprendre les secrets et d'en formuler les lois; vous restez des jours et des mois entiers en observation devant un petit détail qui, pour d'autres, serait sans importance; vous vous vantez d'être exacts, méticuleux, scrupuleux, absolument sincères, quand il s'agit d'observer la moindre manifestation du monde matériel; mais toutes les fois que vous soupçonnez l'intervention directe du Créateur dans son œuvre, vous cessez vos recherches et vous détournez les yeux avec dédain.

Si vous apprenez qu'un fait intéressant, mais qui ne touche pas au miracle, se produit sur un point du globe, vous vous déplacez à grands frais pour l'observer; vous n'attendez pas que le phénomène vienne à vous, vous courez vers lui; mais, pour constater un miracle, vous voudriez que le Fils de Dieu reprenant une forme humaine se présentât en personne devant vos académies et vous priât de nommer une commission pour constater un miracle qu'il se proposerait d'accomplir.

Ecoutons encore Renan :

« Qu'un thaumaturge se présente avec des garanties assez sérieuses pour être discutées, qu'il s'annonce, je suppose, comme pouvant ressusciter un mort; que ferait-on? Une commission serait nommée. Cette commission choisirait le cadavre... Si, dans de telles conditions, la résurrection s'opérait, une probabilité presque égale à la certitude serait acquise. »

Ce qui veut dire : Si Dieu, cité à notre barre, accomplissait pour nous le miracle que lui imposeraient toutes nos exigences; alors, mais alors seulement, nous serions presque convaincus!

Par malheur pour les savants incrédules, le Dieu des petits et des humbles est plus sensible aux prières d'une âme qui souffre qu'aux injonctions de toutes les académies de l'univers. Les savants athées ont peur du miracle, parce qu'il projette trop de clartés sur le grand mystère de la vie.

Qu'elles sont belles et profondes les paroles de l'*Imitation* de Notre-Seigneur Jésus-Christ!

« Naturellement tout homme désire savoir mais que sert la science sans la crainte de Dieu?

« Un humble paysan, qui vit selon sa conscience, est fort au-dessus du philosophe superbe qui, négligeant son âme, considère le cours des astres.

« Quand j'aurais toute la science du monde, si mon âme est en mauvais état, et sans charité, à quoi tout me servira-t-il devant le Dieu qui me jugera d'après mes œuvres?

« La multitude des connaissances ne rassasie pas l'âme, c'est une vie sainte qui apaise la conscience et donne le repos du cœur.

« Si vous croyez beaucoup savoir, songez que c'est peu de chose auprès de ce que vous ignorez.

« La science la plus profonde et la plus salutaire consiste à se bien connaître et à ne pas trop s'estimer soi-même.

(*Imit. J.-C.*, 1, 2).

Forces inconnues ou suggestion.

Au Dieu inconnu! — Ce fut l'inscription que saint Paul lut sur un autel d'Athènes. Qui aurait pu croire que les savants matérialistes, pour trouver un argument en leur faveur, auraient un jour invoqué, non pas le Dieu inconnu, mais des forces ignorées et inconnaissables.

Les forces inconnues! Voilà ce qu'à leur secours appellent les incrédules.

— L'homme, disent-ils, avec une humilité plus ou moins réelle, connaît bien peu de choses. Tant de mystères l'entourent! Il y a d'autres forces que celles dont nous pouvons fixer les lois. La nature ne veut pas qu'on lui arrache tous ses secrets. Pour le moment, ne nous prononçons pas. Qui sait si, plus tard, la science n'arrivera pas à formuler les lois mêmes de ces forces qui jusqu'ici sont restées inconnues?

De deux choses l'une : ou bien ces forces sont en dehors de la nature, ou elles sont naturelles.

Si elles sont surnaturelles, ce sont justement les forces auxquelles les catholiques font appel pour expliquer les phénomènes miraculeux. C'est Dieu intervenant dans le monde. Forces inconnues, forces surnaturelles, forces divines, au fond, toutes ces expressions désigneraient une seule et même cause.

Mais les incrédules ne l'entendent pas ainsi. Pour eux, ces forces inconnues sont naturelles comme les autres. Elles sont simplement plus mystérieuses dans leur essence et dans leur action.

Nous répondrons que, si elles font partie de

notre vieil univers, elles ont existé depuis son commencement : elles ont toujours produit, et elles produiront toujours, dans les mêmes circonstances, les mêmes effets. Ces lois ou forces inconnues, l'expression importe peu, ne seront le monopole d'aucun savant, ni d'aucun théologien : elles ne se mettront au service d'aucun système philosophique, ni d'aucune religion. La nature, en effet, appartient à tout le monde. Si ces forces paraissent obéir plutôt à une école qu'à une autre, c'est uniquement parce que cette école aura mieux pénétré la nature et les effets de ces mystérieuses puissances. Mais, en employant des procédés identiques, tout le monde pourra les mettre en action. En effet, les formules trouvées pour les lois régissant l'électricité, la vapeur, la lumière appartiennent aussi bien aux savants anglais, américains ou japonais qu'aux spécialistes français ou italiens. Autrement dit, les sciences et toutes les lois naturelles n'ont ni religion, ni patrie. Dieu met le monde à la disposition de tous les hommes.

Mais en est-il ainsi des forces inconnues ou miraculeuses, derrière lesquelles se retranchent les médecins et les savants matérialistes? Nullement.

Ces forces, qu'on nous permette l'expression, semblent mises à la disposition des seuls catholiques. Voilà le fait. Bien plus, les catholiques prétendent avoir seuls les moyens de mettre ces forces en action. Or, ces moyens sont tous surnaturels, les principaux sont : la prière, la pénitence et l'esprit de foi... Que conclure de là, sinon que ces forces inconnues appartiennent à un autre ordre de choses que celles qui font partie de l'univers matériel et sensible?

Les moyens employés pour les mettre en œuvre indiquent un peu ce qu'elles sont.

— Les forces inconnues, répliquent les incrédules, ne vous appartiennent pas en propre, à vous, catholiques, puisque, au moyen de l'hypnose et de la suggestion, beaucoup de phénomènes merveilleux se produisent sans vous et en dehors de vous.

Cette objection mérite une réponse plus développée.

L'hypnose est un sommeil provoqué par des moyens artificiels.

Telle est la définition donnée par Littré et Larousse. Elle manque de précision. Le sommeil artificiel peut être en effet provoqué par une substance toxique bue, aspirée ou injectée, comme un préservatif contre la douleur. Ce n'est pas là l'hypnose qui nous intéresse.

Il y en a une autre qu'on pourrait définir : Le sommeil artificiel provoqué chez certaines personnes d'un tempéramment nerveux et anormal par des procédés tout d'imagination. L'opérateur obtient cette hypnose, soit en regardant fixement le patient, soit en lui fermant les paupières, ou en lui commandant de fixer un objet brillant... etc... L'essentiel est d'agir fortement sur l'imagination, et par elle sur la volonté, pour arriver à la suggestion.

Les médecins ont parfois recours à cette hypnose dans un but utile. On dit que le docteur Bernheim, de Nancy, fit un jour opérer sans douleur une personne nerveuse, en lui persuadant qu'elle ne souffrirait pas. A la Salpêtrière, on aurait obtenu par ces procédés artificiels, ou suggestions, des guérisons étonnantes. Notre volonté et notre imagination exercent en effet une très grande influence sur l'état de notre âme, et même de notre corps. Mais de ces guérisons extraordinaires au miracle proprement dit, il y a loin. Le rôle de la raison consistera justement à discerner les limites qui séparent le monde naturel du monde surnaturel, le possible humain du possible divin.

Les cas de suggestion sont d'ailleurs limités à certains tempéraments; bien plus, si on abuse de cette méthode dangereuse, au lieu de guérir les névrosés, on peut aggraver leur état et déterminer chez eux la folie ou la mort.

Revenons à notre étude morale sur l'hypnose.

L'intérieur de notre âme est comme un mystérieux dédale, dans lequel continuellement passent et repassent tous les actes de nos facultés.

On pourrait comparer notre esprit à une gare de chemin de fer, où se croiseraient mille lignes différentes. Notre liberté est le poste d'aiguillage. Si l'aiguilleur, chargé de lancer les trains dans les directions voulues, se laisse aller à un sommeil coupable, toutes les catastrophes sont à craindre.

Il est probable qu'au début de l'hypnose, notre liberté, chargée de notre direction intérieure, s'est oubliée elle-même. Cette défaillance, plus ou moins volontaire à son début, est punie, chez certaines personnes, par une destitution de poste, c'est-à-dire qu'une autre volonté prend la place qui est vacante. Alors, on serait en face des plus étonnants phénomènes, parce qu'on attribuerait à l'ancien employé destitué les opérations accomplies par son successeur.

Mais cet état d'âme, s'il existe, est très rare et constitue une anomalie. Encore, pour qu'il se produise, faut-il un concours de circonstances exceptionnelles.

Tout d'abord, il est nécessaire que la personne suggestionnée soit d'une nervosité maladive.

De plus, l'agent qui suggestionne doit un peu

en imposer par des procédés qui rappellent l'art du charlatan.

Ces états nerveux, ou sommeils hypnotiques, donnent lieu, nous l'avouons, à des phénomènes bizarres; mais jamais à ce qu'on pourrait appeler de vrais miracles.

Un exemple fera, en quelque sorte, toucher du doigt cette différence et montrera la ligne de séparation entre le possible et l'impossible, le phénomène extraordinaire et le miracle.

On plaça, un jour, une personne en état d'hypnose, devant quelqu'un, en lui persuadant que ce quelqu'un n'existait pas.

« Voyez-vous, dit-on à la voyante, cette montre placée devant vous?

— Oui, dit-elle. »

Or, en réalité, elle ne pouvait voir la montre, qui était placée derrière le monsieur dont on lui avait suggéré de ne pas tenir compte.

« Dites-nous quelle heure marque la montre?

— Onze heures, répondit l'hypnotisée. »

Les aiguilles de la montre marquaient en effet onze heures. On insista en demandant des détails sur la montre et la chaîne qui y était fixée. La prétendue voyante hésita alors et avoua qu'elle n'apercevait que des brouillards. Or, on se rappela qu'on venait d'entendre onze heures sonner à l'horloge et que la suggestionnée pouvait avoir appris, plus ou moins consciemment, quelle heure il était. Le fait d'avoir dit l'heure juste n'avait donc rien de surnaturel. Presque tous les autres cas se rapprochent de cette expérience.

Tout ce qui est perceptible naturellement aux sens, d'une manière quelconque, peut être découvert et affirmé par les personnes en état d'hypnose; mais tout ce qu'elles disent par ailleurs est livré au hasard, à l'à peu près, à la chance heureuse ou malheureuse.

On pourrait, sous certains rapports, assimiler à l'hypnotisme toutes les sciences occultes, comme le spiritisme, le magnétisme et autres amusements dangereux, dont sont friands les esprits faibles ou détraqués.

Les catholiques croient que le démon, autant que Dieu le lui permet, peut intervenir, plus ou moins visiblement, dans les choses humaines. Pour combattre son pouvoir funeste, l'Eglise a approuvé des formules de bénédictions et d'exorcismes.

Mais le spiritisme, ou la métapsychique, prétend, en dehors de toute foi religieuse, créer une science nouvelle, dont le but serait de mettre les vivants en communication avec les esprits de l'autre monde. Les médiums seraient comme les prêtres de cette religion encore à l'état embryonnaire.

— Laissez-nous observer, travailler et expérimenter, disent les métapsychistes, peut-être arriverons-nous à fonder une science ou une religion nouvelle, le mot importe peu, qui nous mettra enfin en rapports assurés avec l'au-delà. Le docteur Charles Richet a même publié un gros volume sous ce titre : *Traité de métapsychique.*

Malheureusement, ces savants ressemblent beaucoup à certaines gens qui veulent passer pour des inventeurs, mais qui en réalité n'ont encore rien découvert. Flammarion lui-même a avoué qu'il avait surpris presque tous les médiums en flagrant délit d'imposture (*Les forces inconnues*, t. Ier, p. 90).

Quant au livre du docteur Richet, à part le nom de l'auteur, rien n'y rappelle guère la science. Il serait trop long de s'arrêter à cette compilation bizarre, où, dans une même page, et en quelques lignes, le docteur assimile le cas célèbre de Derudder à celui d'une demoiselle B..., guérie en trois mois d'une paraplégie par le magnétiseur Magnin. Or, entre ces deux faits, il y a la différence qui sépare un miracle aussi instantané qu'indéniable, d'un racontar quelconque, qui d'ailleurs n'a rien d'extraordinaire. Le premier est établi par des preuves multiples et absolues : le second n'a pour lui qu'un ouï-dire pieusement enregistré par le docteur Richet.

L'esprit qui inspire tout son traité se manifeste bien dans ce suggestif rapprochement.

Les expériences faites à la Sorbonne, du 20 mars au 23 juin 1922, ont tourné à la confusion de la fameuse Eva Carrière. Elles ont dû suggérer d'amères réflexions au professeur Richet et à ses disciples.

Demandez à des gens sérieux, ayant assisté à des séances de métapsychique, si jamais ils ont vu et constaté un vrai miracle au sens théologique du mot; ils vous répondront qu'ils ont été témoins de phénomènes bizarres, de coïncidences curieuses, mais ils n'osent aller plus loin dans leurs affirmations.

A Lourdes, avons-nous déjà dit, le nombre des miracles scientifiquement constatés dépasse trois mille.

Les adeptes des sciences occultes aiment le huis clos : ils opèrent presque toujours dans les obscurités d'un appartement où les meubles connus et plus ou moins préparés peuvent cacher bien des supercheries.... Ils ont ordinairement des compères; ils se servent d'interrogations à clefs..., etc... Aussi, eux qui se prétendent si souvent en rapport avec l'au-delà, ils ont été mis au défi de produire un seul fait *vraiment miraculeux accompli dans des conditions excluant toute supercherie possible.*

Quelle différence entre ces procédés de charlatans et les éclatants prodiges de Lourdes et de Pontmain!

Quand ils veulent nous étonner, les hommes ont recours à toutes sortes de moyens compliqués et obscurs; au contraire, l'acte divin, ou le miracle, est comme le soleil : pour s'imposer à tous, il suffit qu'il se montre.

Depuis quelque temps surtout, une école de savants tend à ressusciter l'ensemble des vieilles objections contre le miracle en les condensant dans une formule nouvelle. Voici comment ils s'expriment : Il n'y a pas de miracle en dehors de la foi; donc c'est la foi qui est la cause de tout miracle.

Nous voulons bien admettre, pour un moment, qu'il n'y a guère de miracles en dehors de la foi : de ce fait que conclure en toute logique sinon que la foi est la condition nécessaire du miracle? Aller plus loin, et affirmer qu'elle en est la cause, c'est mal raisonner. Parce qu'on ne rencontre pas de poissons où il n'y a pas d'eau, peut-on affirmer que l'eau seule est le principe créateur des poissons?

Sur la terre, il n'y a pas d'intelligence en dehors d'une matière cérébrale; doit-on en induire que l'intelligence n'est autre que cette matière grise découverte chez tous les animaux sortis de l'état purement rudimentaire?

Dans les conditions actuelles de la vie, aucun animal tant soit peu développé ne peut vivre sans air : faut-il en conclure que c'est l'air qui produit tous les êtres animés?

Qui ne voit l'illogisme de tous ces raisonnements?

Si la foi était la cause efficiente des miracles, ces deux termes : foi et miracle, seraient en rapport constant, et, pour ainsi dire, fonction l'un de l'autre. Bien plus, le miracle se produirait au moment où l'exaltation religieuse atteindrait son maximum.

En est-il ainsi? Non.

A Lourdes, des indifférents et même des incrédules sont parfois guéris. Pour les croyants eux-mêmes, il est assez rare que le miracle s'accomplisse au moment attendu. C'est quelquefois le lendemain d'un grand acte de foi, ou au retour d'un pèlerinage, ou même quand il y pense le moins que le miraculé ressent les effets de l'action surnaturelle. Quelques malades, comme Marie Borrel, guérie le 22 août 1907, n'espéraient même plus être l'objet des faveurs divines.

On va donc à l'encontre des faits, quand on affirme que le miracle est le simple résultat d'une crise physiologique provoquée par l'exaltation du sentiment religieux.

A la rigueur, les chrétiens pourraient admettre que, la plupart du temps, le miracle est comme la récompense de leur foi. « Si vous aviez de la foi gros comme un grain de senevé, dit Jésus, vous diriez à cette montagne de se déplacer, et elle se déplacerait. » (Math., 17, 19). Mais la foi, loin d'exclure l'intervention de la puissance divine, la suppose au contraire. Pourtant ce n'est pas dans ce sens chrétien que les savants comprennent leur principe, puisqu'ils rejettent toute action divine.

Accordons aux savants que la foi, ou la persuasion, a une grande influence sur notre état moral et physique : mais cette foi ne saurait expliquer la guérison instantanée de blessures ou d'infirmités très apparentes, encore moins pourrait-elle agir en dehors de nous, par exemple pour ressusciter un mort à distance ou pour commander aux éléments, en apaisant subitement une tempête. Les lois et les forces de la nature sont en effet bien indépendantes de notre petite personnalité.

Quelle part de vérité peut-on démêler dans ce principe : il n'y a pas de miracle en dehors de la foi? Simplement ceci : ce que Dieu aime surtout dans ses enfants, c'est leur entière confiance en lui; voilà pourquoi il récompense, quand il le veut, une foi très ardente par des miracles. Pourtant, il se réserve encore, même en dehors de notre foi, le pouvoir de faire plier sous sa volonté les lois de la nature, lorsqu'il le juge à propos, pour rendre, par exemple, sa bonté et sa miséricorde plus sensibles à tous, ou pour mettre dans une plus grande lumière certaines grandes vérités que l'indifférence ou l'erreur tendent à obscurcir. Au moins, dans ces cas particuliers, la foi et le miracle sont choses absolument distinctes et l'un n'est pas la conséquence de l'autre.

Le prodige de Pontmain est un fait absolument établi et dont la science ne peut donner aucune explication naturelle.

Notre intention est de l'exposer et de le discuter sans parti pris.

Les incrédules haussent les épaules quand on prononce devant eux le mot de La Salette; ils parlent de névrose et d'auto-suggestion, quand on leur expose le cas de Bernadette Soubirous, la voyante de Lourdes; mais, ne trouvant rien de vraisemblable pour expliquer l'apparition de Pontmain, ils se contentent de faire le silence autour d'elle.

Ce refus d'examen n'est pas une réponse.

L'obstination dans cette attitude enlèverait aux savants le droit de se prévaloir de leur bonne foi et de leur loyauté intellectuelle.

Dans le cours de cette étude, nous nous proposons, non seulement d'établir le fait de l'apparition du 17 janvier 1871, mais encore de lui donner, au point de vue catholique, certaines explications.

Le récit prouvera par lui-même la réalité de ce grand événement surnaturel; nous souhaitons que les commentaires soient comme une preuve nouvelle du prodige, en le montrant sous son vrai jour avec toute sa beauté et toute sa grandeur.

L'ÉVÉNEMENT DE PONTMAIN

I

Pontmain avant l'apparition.

Pontmain, dans le passé, n'a donné naissance à aucun personnage, dont le nom émerge tant soit peu, même dans une histoire locale. Comme pays, il a eu cependant sa part de célébrité, grâce au château fort qu'y construisit, vers 850, un seigneur breton appelé Méen. La nouvelle forteresse fut nommée le Pont-Méen, puis, par contraction, le Pont-Main.

Pendant cinq siècles, l'existence du Pont-Main se confondit avec celle de la féodalité dans le Maine et la Bretagne.

L'année même de la mort de Jeanne d'Arc, l'anglais Arondel prit et brûla la vieille forteresse. La petite ville, dont les maisons s'étaient groupées autour des murailles et près de la chapelle du château, perdit peu à peu de son importance. En 1870, ce n'était plus qu'un hameau composé d'une douzaine de feux.

Dans l'histoire de Pontmain, ou du Pontmain, comme on disait alors, on peut cependant glaner le souvenir de deux ou trois faits assez curieux qui montrent que des liens mystérieux relient souvent l'avenir au passé.

Les seigneurs de cette châtellenie semblent avoir eu une dévotion toute spéciale envers la Très Sainte Vierge, comme en font foi deux cachets trouvés dans les ruines de la vieille forteresse féodale.

Le premier représente Marie portant l'enfant Jésus sur son bras gauche, et, près d'elle, un religieux, à genoux, paraît prier avec ferveur.

Le second cachet est encore plus significatif : « Au centre d'un triangle argenté rayonne le chiffre de Marie (un A enchevêtré dans un M) sur le fond d'azur d'un écusson, aux angles duquel brillent trois étoiles.

« Autour du chiffre de Marie, du triangle et de l'écusson, on lit en grandes lettres le nom du château et de la ville : *Pont-Main.*

« Ces armes du Pont-Main ne présagent-elles pas d'une manière frappante l'événement du 17 janvier 1871, l'apparition de la Très Sainte Vierge dans l'azur du ciel, avec les trois étoiles qui l'encadrent d'un triangle mystérieux? » (R. P. Berthelon).

Un vieux dicton était aussi conservé dans les croyances populaires, comme pour annoncer qu'un jour le Pontmain sortirait de l'oubli.

Lorsque Paris se brûlera
Le Pontmain se relèvera.

Or, justement, l'année même de l'apparition, des incendies considérables furent allumés, à Paris, par les insurgés de la Commune.

Le vieux dicton gardé dans le pays de Pontmain est quelque chose de bien étrange. Il rappelle un peu la prédiction de l'Ecriture au sujet de Bethléem : *Et tu Bethleem Ephrata parvulus es in millibus Juda : ex te enim mihi egredietur qui sit dominator in Israël* (Mich., V, 2.) « Et toi, Bethléem Ephrata, tu es bien petite parmi les nombreuses villes de Juda : de toi sortira celui qui doit régner sur Israël. »

Le Pontmain, comme Bethléem, n'est-il pas devenu une terre privilégiée au point de vue surnaturel?

A Pontmain, le voyageur ne trouvera pas, ainsi qu'à La Salette et à Lourdes, les paysages montagneux qui déroulent entre le ciel et la terre leurs tableaux grandioses. Tout y est calme et donne une impression reposante. A la belle saison, c'est une mer de verdure, dont les vagues, hautes d'une centaine de mètres, s'abaissent, doucement, pour former des pentes d'un kilomètre ou deux, avec des ressauts et des plis imprévus. Partout des champs et des prés bordés de lourds talus broussailleux, d'où s'élèvent en rangs pressés châtaigniers, chênes, bouleaux, noisetiers touffus, cerisiers et poiriers sauvages. Au fond des petites vallées et des ravins, les ruisseaux coulent paisibles, dans des lits d'herbes, ou se hâtent de courir plus vite sur des aridités pierreuses, en contournant de gros blocs de granit. De loin en loin, les ajoncs s'efforcent de couvrir quelques clairières vagues. Mais ces terres stériles sont rares; en revanche, les petits bois et les taillis, qui se confondent à distance avec les pommiers des champs et les autres arbres des talus, donnent à toute cette partie de la Bretagne et du Maine l'aspect d'une immense forêt.

A Pontmain même, deux riantes vallées amenaient chacune leur petit ruisseau pour former un étang aux pieds du château-fort : en s'échappant de ce lac en miniature, l'eau faisait mouvoir la machinerie d'une forge, devenue aujourd'hui un simple moulin. La jolie rivière, qu'on appelle la Futaie, continue ensuite son cours : elle rencontre sur sa droite, tout près de Pontmain, le vieux château-fort de Mausson, un vieux nid de seigneurs, oublié au milieu de grands arbres sur les pentes d'un ravin; puis, elle se hâte, prenant parfois les allures d'un torrent, et elle va se perdre dans la mer, du côté d'Avranches et du Mont-Saint-Michel.

Donnez plus d'élévation aux collines, enlevez les gros talus et leurs arbres trop nombreux, vous aurez à Pontmain les paysages de Nazareth; de même qu'en abaissant les hauteurs et en les boisant davantage, vous aurez à Nazareth les paysages de Pontmain.

Après avoir dit un mot du pays rendu célèbre par l'apparition du 17 janvier, faisons connaissance avec les principaux personnages qui joueront un rôle dans notre récit.

Au milieu du bourg, dans une grosse maison de ferme, à laquelle s'appuyait une grange couverte en chaume, vivait la famille Barbedette. Elle se composait alors du père, César Barbedette, de la mère, née Victoire Quentin, et de deux garçons, Eugène et Joseph, âgés le premier de douze ans et le second de dix. Une domestique d'une trentaine d'années aidait aux travaux de la ferme et aux soins du ménage.

La mère, mariée en premières noces à un Friteau, avait eu, de cette première union, un fils nommé Auguste : mais ce jeune homme était alors à la guerre. Cette mère de famille était bien la femme forte dont parle l'Ecriture : fervente dans ses pratiques de piété, alerte et vaillante au travail, assez gaie de caractère, mais aussi ferme qu'affectueuse dans l'éducation de ses enfants. A Pontmain, elle était populaire et très estimée : on ne l'appelait jamais que Victoire. Au physique, c'était une personne assez vigoureuse, plutôt petite de taille, avec une figure ronde, éclairée par deux yeux bleus, où se peignaient l'entrain et l'énergie.

Le père était un homme de taille moyenne, assez brun, d'une physionomie calme et reposée. Lui aussi était pieux et bon, ardent au travail par devoir et par tempérament.

Les deux jeunes garçons présents à la ferme fréquentaient l'unique école de Pontmain tenue par des religieuses, dont la maison-mère était à

Rillé et qu'on appelait les Sœurs adoratrices de la Justice de Dieu.

Eugène, l'aîné des enfants, répondait chaque matin, comme choriste, la messe à Monsieur le Curé. Bien qu'il eût un air un peu souffreteux, il jouissait d'une assez vigoureuse constitution. A cet enfant intelligent et doux, les habitudes laborieuses et une éducation virile avaient donné un sérieux un peu au-dessus de son âge.

Son jeune frère, Joseph, au teint pâle et délicat semblait avoir un caractère plus vif et une nature plus exubérante. Des réparties aussi promptes que spirituelles lui échappaient souvent, sans réflexions, mais sans méchanceté.

La ferme qu'occupait la famille Barbedette appartenait à un M. de la Haie qui venait passer à Pontmain plusieurs semaines dans une chambre qu'il s'était réservée : on le regardait comme un chrétien fort peu fervent et même comme un ennemi de toute religion.

Plus tard, l'auteur de ces lignes parlait à Eugène Barbedette de l'insigne faveur dont il avait été l'objet dans sa jeunesse, lui qui avait vu ici-bas la reine du ciel.

« Je crois, répondit-il, que cette grâce a été, pour mon frère et pour moi, comme une sorte de récompense pour nos bonnes habitudes, mais surtout pour notre vie laborieuse.

« A ce moment, en effet, nous étions obligés, malgré notre jeune âge, de remplacer notre frère aîné parti pour la guerre. D'ailleurs nos parents nous avaient accoutumés, dès nos premières années, à n'être jamais oisifs.

« On ne pouvait guère nous permettre d'aller jouer avec les autres enfants. Aussitôt sortis de l'école, toute sorte de petits travaux nous attendaient à la maison. Il fallait tourner le rouet de la mère et de la domestique, effilocher les vieux chiffons de laine, piler les ajoncs dans la grange, ou couper en tranches les betteraves et les carottes pour la nourriture des animaux.

« Je me souviens que ce travail était assez dur, parce que nous devions tailler de la main droite la carotte ou la betterave tenue de la main gauche, sans pouvoir l'appuyer sur le panier de crainte d'en couper les bords.

« De plus, c'est moi qui hersais dans les champs, avec les bœufs et le cheval, les jours où je n'étais pas à l'école. Il n'y avait donc jamais pour nous un instant de paresse.

« Notre mère nous frappait peu : mais parfois elle nous humiliait. Elle-même était d'ailleurs, ainsi que mon père, toujours occupée à quelque ouvrage. Tous nos habits en laine bleue avaient été filés à la maison. Nous portions des pantalons et des blouses, dont nous devions avoir grand soin. Notre mère tricotait elle-même nos bas, fabriquait nos petits bonnets en laine, raccommodait les déchirures et n'achetait jamais que le moins de choses possible. »

Les deux jeunes enfants avaient leur même petit lit dans la grange de la ferme.

Comme il sera souvent fait mention de cette

grange pendant notre récit, nous allons la décrire, telle qu'elle était en janvier 1871.

Construite en bordure de la route, dans le prolongement de la maison d'habitation, on y pénétrait par un grand portail qui s'ouvrait sur la voie publique. De la route, entrons dans ce bâtiment par une ouverture latérale pratiquée dans un des vantaux du grand portail. Nous nous trouvons dans un large couloir vide que, à droite et à gauche, des cloisons assez basses, en planches, séparent des écuries. Devant nous, au fond de ce couloir, on aperçoit ce que l'on appelle dans le pays une *pile d'ajoncs* : c'est un gros bloc de pierre formant un cube allongé, dont la surface supérieure est encadrée par de petits rebords en bois. A côté de la pile, le long de la cloison, à droite, est le lit des enfants. Un regard jeté pardessus cette cloison de droite nous fait découvrir, plus près de nous, quelques vaches rousses, et, plus loin, vers le fond, sont deux couples de bœufs. Comme la mangeoire de deux des bœufs est fixée à la cloison qui la sépare du lit des enfants, on peut croire que les coups de tête et les coups de corne des animaux contre les planches interrompent parfois le sommeil d'Eugène et de Joseph Barbedette.

Derrière l'autre cloison, à gauche, remuent des veaux à l'élevage et dans le coin le plus éloigné, également à gauche, une jument gris fer semble le personnage le plus important de ce petit troupeau.

Eugène Barbedette aimait beaucoup cette bête

patiente et dure à la fatigue qu'on appelait *la bleue*, à cause de sa couleur.

Parfois, pendant la nuit, quand une vache ou un veau se détachait, mettant le trouble dans l'écurie, ce n'était pas une petite affaire pour Eugène de s'aventurer dans les ténèbres pour essayer de remettre tout en ordre.

Sortons de la grange et plaçons-nous devant le grand portail, mais en lui tournant le dos. — De l'autre côté de la route, un petit muret en pierres, continué par une haie d'épines, entoure une aire à battre.

Toujours en face de nous, plus loin que l'aire, sur une grosse maison parallèle à la grange, on lit cette inscription : *Augustin Guidecoq, débitant.*

Nous remarquons que la route qui passe devant la grange est traversée tout près de nous, mais à gauche, par une seconde route qui la coupe à angles droits.

Faisons quelques pas et prenons cette route transversale, de manière à nous trouver plus près du pignon de la maison Guidecoq.

Sur notre gauche, au milieu d'une place, ou plutôt d'un terrain vague, s'élève un grand calvaire. L'humble église de Pontmain est à la fois en bordure sur cette place et sur la route où nous sommes. Six petites colonnes en bois, plantées sur une grosse tour basse, soutiennent un clocher en ardoises. Nous voyons sur cette tour, entre deux des colonnettes, une statue de la Sainte Vierge portant l'enfant Jésus dans ses bras. Elle avait été placée là par le bon abbé Guérin, alors curé de Pontmain, « afin, disait-il, que sa paroisse fût toujours sous les regards de Marie. »

L'abbé Guérin n'était pas un prêtre quelconque. Il rappelait les patriarches de la Bible, au milieu du peuple simple et croyant qui composait sa famille paroissiale.

Il était là, curé, depuis 1836, année où la *trêve* de Pontmain avait été érigée en paroisse.

Né en 1801, à Saint-Vénérand, paroisse de Laval, il s'était montré toute sa vie un prêtre aussi vertueux que zélé. Sa tendre et toute filiale dévotion envers la Sainte Vierge fut sans doute une des raisons qui valurent à sa paroisse l'honneur de la céleste visite qui la rendra à jamais célèbre.

Après avoir relaté, sur son registre de paroisse, l'apparition de Notre-Dame de la Salette, en 1846, il termine son récit par cette exclamation : « Vive Marie! » On sent que tout son cœur éclate dans ces deux mots.

Il avait enrôlé presque tous ses paroissiens dans la confrérie de Notre-Dame des Victoires. Ayant établi dans son église les exercices du mois de Marie, il donna de sa dévotion envers la Très Sainte Vierge deux témoignages encore plus visibles et plus matériels. Derrière et au-dessus du maître-autel, il appliqua sur la muraille une niche en bois peint et cintrée par le haut pour y placer la statue de la mère de Dieu. Enfin, il lui dédia un autel spécial, dans le côté ouest de son église. Quatre bougies brûlaient sur cet autel pendant certaines cérémonies. Lorsqu'il le pouvait, le curé se réservait l'honneur de les allumer lui-même. Eugène Barbedette a raconté qu'un jour, étant choriste, il se disposait à accomplir cette besogne, lorsque brusquement et sans explications l'abbé Guérin lui arracha l'allumoir des mains. — Ce petit trait d'égoïsme dans la piété fait sourire, mais comme il peint bien l'amour ardent et presque jaloux du curé de Pontmain pour la Très Sainte Vierge !

Plusieurs auteurs qui ont écrit sur l'Apparition, voulant l'expliquer d'après leurs vues personnelles, ont dit des choses inexactes au sujet des quatre bougies, de l'autel latéral, et même au sujet de la niche du chœur et de la statue du clocher. Nous reviendrons donc, plus au long, en temps et lieu, sur tous ces points, puisqu'on y a fait fréquemment allusion, sous prétexte d'expliquer le grand événement du 17 janvier.

II

Comment le prodige se manifesta.

Les nations, comme les âmes, ont chacune leur ange gardien. C'est la doctrine de l'Eglise, appuyée sur les textes de la Sainte Ecriture.

Nous sommes portés à croire, nous autres Français, que l'ange gardien de la France n'est autre que saint Michel, l'inspirateur de Jeanne d'Arc, et le protecteur invoqué par les rois de France aux heures de grand péril.

Si cet archange, en janvier 1871, était descendu du ciel, pour visiter son royaume, qui est en même temps celui de Marie, il l'eût trouvé en grande détresse. Comme au temps de Jeanne d'Arc, l'ennemi avait envahi la France vaincue. Les Allemands resserraient de plus en plus, autour de Paris, un cercle de fer et de feu. La famine, les rigueurs d'un terrible hiver, et même les sourdes menaces d'une guerre civile, paralysaient la défense de la capitale. Elle attendait en vain, toujours en vain, d'être secourue par les armées organisées en province.

Celles-ci étaient rassemblées en trois groupes. Un, dans le nord, qui résistait à grand peine à l'envahisseur; les deux autres, battus du côté du Mans et de Dijon, étaient en pleine retraite. Dans l'ouest, les barbares avançaient à grandes journées du côté de Laval, le chef-lieu de la Mayenne. Ils se croyaient déjà les maîtres de cette ville, et un général prussien disait, le soir même du 17 janvier, à l'évêque du Mans : « En ce moment, nos troupes sont à Laval. »

Les catholiques de France multipliaient pourtant leurs supplications et leurs appels à Marie. Partout, c'étaient des pénitences, des neuvaines, des cérémonies expiatoires ordonnées par les évêques... La France, punie à cause de ses fautes, allait encore être une fois sauvée.

L'archange saint Michel eut sans doute la mission d'ouvrir, dans les célestes immensités, un chemin devant la mère de Dieu.

Celle-ci voulut se manifester visiblement à nous par un prodige inouï dans l'histoire du monde, surtout si on considère le moment où il se produisit et la manière dont il s'accomplit.

Le récit de la merveilleuse apparition a été surtout fait par deux personnes parfaitement renseignées et compétentes.

L'une d'elle, M. l'abbé Richard, composa son opuscule quelques semaines après le 17 janvier. Avant de l'écrire, il était allé consulter les voyants et les voyantes et toutes les personnes présentes pendant la durée du prodige. Il revint ensuite à Pontmain lire son petit travail devant chacun des voyants pris en particulier; il le corrigea sous leur dictée; enfin, il le relut, au lieu même de l'apparition, devant tous ceux qui en avaient été les témoins directs et indirects. Peu d'ouvrages ont donc plus que celui-là un caractère d'exactitude et de sincérité.

L'autre récit a été écrit par un des voyants, le plus jeune des frères Barbedette, quand il fut arrivé à l'âge d'homme.

Comme nous désirons n'omettre aucun détail, nous nous efforcerons de rassembler ici tout ce qui a été dit par les deux précédents historiens, en les complétant l'un par l'autre. Nous ajouterons encore quelques particularités entendues de la bouche des voyants eux-mêmes.

« On m'a demandé, écrit Joseph Barbedette, quelle avait été la physionomie de cette journée du 17 janvier 1871. Elle s'était passée absolument comme toutes les autres.

« Mon père, selon son habitude, vint de bonne heure nous réveiller, Eugène et moi, dans la grange où nous dormions. Après une courte prière, nous nous mîmes au travail que nous faisions, matin et soir, travail qui consistait à piler des ajoncs pour la ration des animaux.

« La besogne terminée, nous entrâmes à la maison, où ma mère était occupée aux soins du ménage et préparait le déjeuner. Avant de nous mettre à table, nous récitâmes, tous les deux, à haute voix, le chapelet pour notre frère Auguste, alors sous les drapeaux. Depuis son départ, il en était ainsi tous les jours; nous le lui avions promis; Eugène, son filleul, n'aurait voulu pour rien au monde manquer à cette promesse.

« Tout en vaquant à ses menues occupations,

maman prenait part à notre prière. Lorsque mon père rentrait de la grange avant la fin de la récitation du chapelet, lui aussi s'unissait à nous.

« Le déjeuner, pris en commun, Eugène et moi, nous allâmes à l'église; il était environ six heures trente. La messe n'étant qu'à sept heures, nous fîmes alors le chemin de la croix pour demander la cessation de la guerre. Ce chemin de la croix, nous le faisions tous les jours depuis le commencement des hostilités, mais avec plus de zèle encore depuis qu'Auguste nous avait quittés. Après le chemin de la croix, la sainte messe que nous servions souvent, puis des prières publiques pour la France et les soldats. Oh! comme on priait bien en union avec M. le curé! Souvent M. Guérin adressait à ses paroissiens une émouvante allocution pleine de confiance et d'amour. Que de larmes ont été répandues dans notre petite église de Pontmain, regardée depuis par les habitants comme une relique!

« A huit heures sonnait la classe. Pontmain n'avait alors qu'une école mixte tenue par les religieuses; nous y allions régulièrement. Par suite des calamités publiques, les sœurs avaient pris l'habitude de nous faire prier beaucoup; nous chantions souvent le *Parce Domine*, et le soir en particulier, lorsque venaient trois heures, tous à genoux, nous chantions les trois couplets du cantique *Mon doux Jésus*, en y intercalant le *Parce Domine*.

« Cet usage était dû à la piété de la Supérieure, Sœur Timothée. Nous revenions dîner à la maison, pour rentrer en classe de une heure à quatre heures. A la maison, du travail nous attendait encore. Le départ d'Auguste laissait toutes les occupations de la ferme à la charge de mon père; il fallait lui aider, ce à quoi Eugène se prêtait de grand cœur.

« Ainsi se passa la journée du 17 janvier 1871; rien ne pouvait donc nous faire prévoir le fait extraordinaire que nous allons raconter.

« La neige et le verglas couvraient le sol, le ciel était pur, la température très rigoureuse.

« Il faisait déjà presque nuit, il était environ cinq heures. A la pâle lueur d'une chandelle de résine, un long marteau de bois à la main, mon père, Eugène et moi, nous nous mîmes à piler les ajoncs.

« Nous avions travaillé près d'une demi-heure, lorsqu'une personne du voisinage vint interrompre notre travail : c'était Jeannette Détais. Pauvre et presque sans ressources, elle avait accepté la mission pénible d'ensevelir les morts, et, ce soir même, elle venait de s'acquitter de cette fonction dans un village voisin.

« Chemin faisant, elle avait recueilli d'excellentes nouvelles de nos chers soldats. L'un d'eux, profitant, après la débâcle du Mans, de la désorganisation de son régiment, était venu embrasser sa vieille mère. Nous sachant très inquiets sur le sort de mon frère qui, depuis trop longtemps, ne nous avait pas donné signe de vie, Jeannette venait nous rassurer. Sans entrer dans la grange, elle était restée près de la petite porte de service.

« Nos lourds marteaux étaient tombés de nos mains, et une courte conversation s'engagea. Presque aussitôt Eugène sortit; mon père et moi, nous restâmes assis sur la pile d'ajoncs.

« Comment mon frère, continue toujours Joseph Barbedette, a-t-il pu s'éloigner à ce moment? Eugène affectionnait tout particulièrement son parrain et on venait donner de ses nouvelles. Je n'ai jamais pu le comprendre humainement parlant. »

La Sainte Vierge put évidemment inspirer à Eugène l'idée de sortir afin de la contempler. Pourtant cet enfant a donné depuis une explication plus naturelle de sa sortie de la grange. Quelques jours auparavant, une aurore boréale avait été vue à Pontmain et dans presque toute la France. Ce phénomène, très rare chez nous, avait vivement frappé l'esprit des Barbedette, comme de beaucoup d'autres personnes. On comprend qu'Eugène ait eu alors l'idée de profiter d'un instant de répit « pour voir le temps », selon son expression. On sait qu'à la campagne on désigne souvent par le mot *temps* le firmament lui-même.

Les étoiles, nombreuses et brillantes, avaient déjà pris possession de leur domaine. Eugène remarqua qu'elles se montraient en grande multitude, surtout sur le chemin de Saint-Jacques, c'est-à-dire sur la *voie lactée*. Tout-à-coup, abaissant un peu ses regards, il vit en face de lui, au-dessus de la maison Guidecoq, une belle dame qui lui souriait.

Des enfants plus exubérants et moins maîtres d'eux-mêmes auraient poussé des exclamations de surprise. Ils auraient immédiatement crié à tout le monde d'accourir pour voir un spectacle si nouveau. Mais, comme beaucoup d'autres enfants de Pontmain, Eugène était d'un tempérament calme et peu facile à émouvoir. Encore sous l'impression causée par la précédente aurore boréale, il fut d'ailleurs moins étonné de voir quelque chose d'extraordinaire.

Tout d'abord, il n'eut pas l'idée que la personne qui lui apparaissait pouvait être la Sainte Vierge. « Ce n'est pas comme l'autre soir, se dit-il à lui-même, mais c'est beaucoup plus beau. »

L'apparition n'avait rien d'effrayant, et, comme elle souriait avec une bienveillance gracieuse, l'enfant resta à la contempler. Il ressentait dans tout son être une telle impression de joie qu'il ne se rendit pas compte du temps qui s'écoulait. On ne lui apprit que plus tard qu'il était resté là près d'un quart d'heure. Comme assez peu de privilégiés devaient être appelés à voir le prodige, la Sainte Vierge n'inspira pas à l'enfant l'idée d'appeler aussitôt tout le monde.

Par une sorte d'égoïsme inconscient, il s'imagina sans doute que les sourires de la ravissante apparition étaient pour lui seul. Pourtant, il eut un moment l'idée que ce prodige pouvait annoncer la mort de son frère aîné parti pour la guerre. Mais comment croire à un présage triste devant une si belle et si douce vision?

Cependant Jeannette Détais, qui tenait conversation à l'intérieur de la grange, songea à partir. Comme elle sortait, elle se trouva tout près d'Eugène, et sa présence rappela l'enfant aux réalités de la terre. Il lui dit, dans son patois du Bas-Maine :

« Dites donc, Jeannette, r'gardez donc sû la maison à Gustin Lecô, si vous n'vayez rin? »

La femme jeta les yeux sur le point indiqué et répondit :

« Ma fai, mon pauv'gâs Eugène, je n'vai rin en tout (Ma foi, mon pauvre Eugène, je ne vois rien du tout.) »

La question avait été faite sur un ton qui n'était pas ordinaire. Le père et le frère, du fond de la grange, l'avaient entendue. Ils arrivèrent vivement. Le père était devant; il regarda le premier. Il ne vit que le grand ciel plein d'étoiles. Comme Jeannette Détais, il dit qu'il ne découvrait rien de particulier.

« Vai-tu bin, tai, José ? (Vois-tu bien, toi, Joseph), dit alors Eugène à son frère.

— Oh! Là! Oui; j'vai une belle grand'dame ».

Telle fut l'exclamation de Joseph.

« Comment qu'elle est habillée?

— Elle a une robe bleue, et pis des étoiles dorées sû sa robe, et pis des chaussons bleus, avec des boucles d'or.

— Dis don, José, continua Eugène, regarde don bin si elle a une couronne?

— J'vai bin une couronne dorée qui va en s'égrandissant, et pis un p'tit fil rouge au milieu de la couronne, et pis un voile noir. »

Le père écoutait.

Après quelques instants, il eut sans doute, aussi lui, l'idée d'un présage. Son premier étonnement se changea en crainte et en tristesse.

« Mes pauv' p'tits gars, dit-il, vous n'vayez rin; si v'vayiez d'kai (si vous voyiez quelque chose), on verrait bin étout (aussi), nous. Venez piler les jeans (les ajoncs) bien vite. J'cré que la soupe est trempée. »

Habitués à obéir à la voix paternelle, les enfants, sans se permettre aucune réflexion, rentrèrent tout de suite dans la grange. Resté sur le seuil, le père dit à demi-voix à Jeannette Détais :

« I faut rin en dire, Jeannette, aussi bin l'monde ne crairait point ça, et ça f'rait p'tête bin du scandale. »

— Soyez tranquille, répondit-elle, je ne dirai rin. »

Elle se retira, et le père Barbedette retourna auprès de ses enfants.

Tous les trois se remirent à piler leurs ajoncs.

Voici peut-être le moment de donner une description détaillée de l'étrange vision qui allait continuer à se manifester.

Nous l'empruntons textuellement au récit fait plus tard par un des voyants lui-même.

« A sept ou huit mètres, dit-il, au-dessus de la maison Guidecoq et en arrière, j'avais aperçu au milieu des airs une dame d'une beauté ravissante.

« Elle paraissait jeune, dix-huit ou vingt ans, d'une stature assez grande.

« Son vêtement se composait d'une robe bleue très foncée. Quand on nous demanda de bien préciser cette couleur, nous ne pûmes mieux faire que de montrer des boules d'indigo dont on se sert pour bleuir le linge.

« Sur cette robe étaient parsemées, sans ordre aucun, des étoiles d'or à cinq pointes très régulières, de même grandeur. Elles étaient peu nombreuses et brillaient, sans cependant émettre aucun rayon.

« Sa robe tombait sans ceinture et sans taille depuis le cou jusqu'aux pieds; elle était ample et formait quelques plis assez marqués; aucun cependant ne pouvait faire supposer un appui quelconque. Les manches, larges, couvraient l'avant-bras et les mains jusqu'à la naissance du pouce à peu près. La robe ne portait d'ourlet ni en haut, ni en bas, ni aux manches; elle entourait le cou de la façon la plus modeste et la plus gracieuse.

« Aux pieds, restés à découvert, la belle Dame portait des chaussons du même bleu, sans semelles, sans étoiles, mais ornés d'une boucle ou rosette d'or, formée par un simple nœud.

« Le voile noir reposait sur la tête, couvrait les cheveux, les oreilles, retombait sur les épaules, de sorte qu'on pouvait l'apercevoir par-dessous le bras. Le voile cachait à peu près la moitié du front; c'était comme un bandeau non tiré, avec quelques petits plis. Les plis étaient plus marqués à l'endroit où le voile retombait sur les épaules.

« La couronne d'or surmontait le voile noir.

Elle ressemblait à un diadème : prenant en bas la forme de la tête, elle s'élevait presque droite en avant, et s'évasait sur les côtés. La partie supérieure était plus élevée au milieu et s'abaissait à droite et à gauche. Enfin la couronne était partagée au milieu par un liseré rouge, de cinq à six millimètres de largeur, qui courait tout autour.

« Ses mains étaient petites, étendues et abaissées vers nous, comme dans la Médaille miraculeuse, mais sans laisser échapper de rayons.

« Elle avait la figure ronde, un peu ovale cependant.

« A la fraîcheur et à la jeunesse du visage s'unissaient la finesse des traits, l'exquise délicatesse du teint, pâle plutôt que coloré.

« Sa bouche, petite, dessinait les sourires les plus ineffables. Ses yeux, d'une douceur sans pareille et d'une incomparable tendresse, étaient dirigés vers nous.

« Je renonce à peindre davantage la belle Dame qui nous regardait et nous souriait.

« Comme une mère, elle semblait plus heureuse de nous voir que nous ne l'étions de la contempler.

« Je dois dire que, malgré l'obscurité de la nuit (il faisait seulement un beau clair d'étoiles), malgré la distance qui nous séparait de la belle Dame (environ cent mètres), nous voyions tous les détails de la figure et du vêtement d'une façon aussi nette que si nous avions été près de la Vision en plein jour. Le bleu de la robe se distinguait parfaitement du bleu du ciel, beaucoup plus clair; dans le vêtement, pas même des parties dorées ne rejaillissait aucun rayon; rien ne paraissait diaphane, translucide, nébuleux : c'était une personne vivante, vêtue d'étoffes véritables, que nous avions devant nous. Rien (pas même le voile) ne flottait au vent, qui du reste ne soufflait peut-être pas. »

III

L'apparition reste visible.

Le père Barbedette et ses deux enfants avaient repris leur travail; mais leurs pensées étaient ailleurs. Les enfants avaient toujours la vision presente à leur esprit et le père éprouvait un certain remords d'avoir forcé ses deux fils à quitter le seuil de la grange.

Après une dizaine de coups de *piloches* (pilons), le père se tournant vers Eugène :

« Gas Eugène, va don vâr si tu vai cor (Eugène, vas donc voir si tu vois encore). »

Il attendit avec anxiété la réponse de son fils.

« Oui, s'écria l'enfant, c'est cor tout pareil.

— Eh bien, alors, continua le père, va don chercher ta mère pour vâr si è verra d'kai (si elle verra quelque chose), et ne dis pas à Louise de venir. Dis seulement à ta mère que j'ai affaire ô le (avec elle). »

Eugène alla à la maison.

« Meman, dit-il, veul'vous, si v'plaît, venir dans la grange, papa a affaire ô vous (avec vous). »

Rapportons ici un petit trait, insignifiant en lui-même, mais qui montre combien les deux enfants Barbedette étaient formés à l'obéissance et à la sincérité.

L'abbé Richard, quelques jours après l'événement, s'en alla à Pontmain, comme nous l'avons vu, pour écrire, presque sous la dictée des enfants, le récit de la vision. Joseph Barbedette remarqua que l'abbé avait passé dans ses notes le *s'il vous plaît* dit par Eugène à sa mère.

« Oh! M'sieu, dit-il vivement, mon frère a dit : *si v'plaît;* sans ça meman gui aurait donné une bonne toque (giffle). E n' n'est pas avare, quand on est méchant. »

L'abbé sourit, rectifia et dit aux deux enfants :

« Est-ce que vous en avez reçu, depuis que vous avez vu la Sainte Vierge? »

— Moi, pas », dit Eugène.

Joseph rougit, baissa la tête et dit bien bas : « Moi, je n'nai cor bin reçu une ou deux. »

Franchement sont-ce là les paroles d'enfants hypocrites, venant d'inventer et soutenant encore effrontément une colossale supercherie. D'ailleurs, comme on le verra dans la suite, tout, dans les paroles et les actes des enfants, respire la franchise et la bonne foi la plus absolue.

Pendant qu'Eugène invitait la mère à venir

parler au père, ce dernier, avec son fils Joseph, était retourné à la porte de la grange. Joseph surtout s'était rendu là avec empressement.

Moins calme que son frère, et moins maître de lui, il regardait la vision en battant des mains et en criant : « Oh! que c'est baô! oh! que c'est baô (beau!) »

Les voyants ne semblent pas avoir été dotés d'une âme plus sensible et plus poétique que les autres, pourtant chacun d'eux a été surtout frappé et émerveillé par la beauté du spectacle qui s'offrait à lui. La reine du ciel apparaissant souriante dans le firmament étoilé, quelle vision!

Joseph Barbedette, hors de lui, oubliait tout le reste. La mère qui arrivait lui donna un coup sur le bras en lui disant : « Mais vas-tu te taire, mais vas-tu te taire; voilà déjà le monde qui nous regarde. »

Les voisins n'inquiétaient guère le petit voyant; mais la brusque intervention de la mère lui fit comprendre qu'il devait se tenir tranquille.

« Maman, dit Eugène à sa mère, regardez donc sur la maison de Gustin Guidecoq, si vous ne vayez rin? »

— Non, dit-elle, je ne vois absolument rien. »

Les deux enfants insistèrent : « Vous ne voyez pas, maman, une belle grande dame avec une robe bleue, un voile noir, une couronne? » Ils décrivaient chaque détail, s'étonnant que les autres ne les voyaient pas comme eux.

La mère, après avoir regardé avec une grande

attention, dit : « Oh! Là! Non, je n'vai rin en tout (je ne vois rien du tout). »

Cependant le père, qui entendait depuis longtemps les affirmations naïves et spontanées de ses deux enfants, était déjà si ému qu'il avait les larmes aux yeux.

La mère s'en aperçut. D'ailleurs elle savait que ses enfants étaient incapables de mentir ainsi. Elle leur demanda quand et comment ils avaient vu cette belle dame. Quelques mots la mirent au courant de tout ce qui s'était passé.

« L'idée lui vint alors, dit Joseph Barbedette dans son récit, que c'était peut-être une apparition de la Sainte Vierge. »

Puis, comme effrayée de cette pensée, elle crut que ce pouvait être l'annonce de la mort de notre frère Auguste; Eugène, le filleul de l'absent, n'avait-il pas le premier aperçu la vision?

« Cependant, attirés par les premiers cris des voyants et par le bruit des conversations, les voisins se montraient à leur porte.

Une femme demanda de loin : « Kai don que vous vayez? De kai don qu'i y a?

— Oh! Là! rin », dit le père Barbedette.

Et sa femme ajouta :

« Oh! Là! rin; ce sont les petits gars qui allourdent (affolent). I'disant qui vayant d'kai, et nous autres on n'vait rin. »

Puis, la mère, suivant sa première pensée que cela pouvait être un triste présage, fit sa famille rentrer dans la grange. Après avoir fermé la porte, elle dit à ses enfants :

« C'est vantié (peut-être) bin, la Sainte Vierge qui vous apparaît. Pisque v'dites que vous la vayez; disons cinq *pater* et cinq *ave* en son honneur. »

« La prière nous parut longue, dit Joseph Barbedette dans son récit; aussi, à peine était-elle terminée, qu'avec la permission de ma mère, nous ouvrions de nouveau la porte, et nous pûmes encore regarder la belle dame. Elle était là toujours et toujours souriante.

« Est-ce que vous voyez encore?

— Oui, oui, maman, c'est encore tout pareil.

— Eh bien, j'vas chercher mes lunettes; p'tête bin qu'avec, j'verrai d'kai. »

« J'avais appris à mes dépens, continue Joseph Barbedette, que la joie bruyante n'était pas de saison. Aussi, étais-je bien tranquille, jouissant de la Vision sans rien dire.

« Maman revint, cette fois avec ses lunettes, et suivie de Louise, la domestique.

« Voyons, dit ma mère, après avoir fixé ses lunettes, où est-ce? »

— Là, là, maman. »

« Et nous lui indiquions du doigt.

« Elle regarda avec la plus grande attention.

« La belle dame se mit à sourire d'une manière plus marquée. Louise essaya de voir, elle aussi, mais ni l'une ni l'autre ne purent rien distinguer.

« Définitivement vous n'vayez rin; faut finir d'piler vos jeans (ajoncs). Vous êtes des petits mentoux et des petits visionnaires. »

« J'étais abasourdi, continue Joseph Barbedette : ma mère ne nous avait pas gâtés, mais cependant jamais elle ne nous avait dit de paroles si dures, ni sur un ton aussi sec.

« Le cœur bien gros, nous reprîmes nos pilons, et bientôt le travail déjà très avancé fut entièrement achevé.

« Nous quittâmes la grange pour aller à la maison, mais nous marchions à reculons, afin de jouir plus longtemps de la Vision.

« Si vous me laissiez libre, disait Eugène à mon père, je resterais là tout au long. »

« Mais l'ordre était formel, il fallait aller souper. »

« Que c'est beau! Que c'est beau! » disaient pourtant les deux voyants en se détournant pour voir la belle Dame jusqu'au dernier moment.

Il était alors environ six heures un quart.

Mais, dans tout le récit de l'apparition, on ne peut fixer les heures qu'approximativement. En effet, l'horloge de l'église qui, à peu près seule, mesurait le temps pour les habitants de Pontmain, s'était arrêtée à cause de la rigueur du froid; on n'entendait donc plus sonner les heures.

Les deux petits voyants, rentrés chez eux, se lavèrent les mains, et, tout en les essuyant, ils coururent encore contempler un petit instant la vision céleste à la porte de la grange.

Malgré la crainte révérentielle que leur inspiraient leurs parents, et surtout leur mère, ils trépignaient d'impatience en revenant à regret dans la maison.

« Maman, dit Joseph à sa mère, pourrons-nou retourner à la grange quand nous aurons soupé? »

Cet enfant n'avait jamais faim, et il fallait toujours le gronder pour le faire manger; la mère Barbedette fut heureuse de saisir cette occasion pour le faire prendre son repas sans peine.

« Oui, dit-elle, mais mangez auparavant. »

« Pressons-nous bien vite, José, dit Eugène, pour aller vâr si on vait cor. »

« Oui, répondit Joseph tout heureux et, pour aller plus vite, mangeons debout. »

Le repas fut bientôt terminé.

Les deux enfants allaient sortir, quand la mère leur dit : « Pisque v'z'allez cor vâr, redites cor cinq *Pater* et cinq *Ave*, mais sûbout (debout), parce qu'il fait fré (froid). »

Arrivés près de la grange, Eugène et Joseph furent de nouveau ravis par la belle vision. Ils le furent au point d'oublier les recommandations de leur mère. Instinctivement, malgré le froid et la neige, ils tombèrent à genoux pour réciter leurs cinq *Pater* et cinq *Ave*

« Mon père, dit Joseph dans son récit, mon père qui ne nous avait pas suivis, mais qui, de la porte de la maison, nous voyait à genoux, en fit la remarque à ma mère : « Les enfants, lui dit-il, voient toujours la même chose, car ils récitent la prière que tu leur as dit de faire. »

« Quand nous eûmes fini, nous rentrâmes à la maison.

« Ma mère, un peu plus intriguée qu'elle ne

voulait le paraître, nous demanda aussitôt de quelle grandeur était cette dame.

« Elle est grande commé sœur Vitaline. »

« Sœur Vitaline était la religieuse qui nous faisait la classe.

« Ma mère eut aussitôt la pensée de la faire venir, et, prenant Eugène avec elle, elle alla la chercher en disant :

« Les sœurs valent mieux qu'vous, si v'vayez, é verront bin étout (aussi), elles. »

« Pour moi, continue Joseph Barbedette, n'ayant plus la permission de sortir, je restai à la maison avec mon père.

« La sœur était à ce moment dans la classe, occupée à réciter son office. Sans mot dire à l'autre sœur, ma mère alla l'y trouver et lui dit :

« Ma sœur, veul'vous si v'plaît, venir chez nous. Les petits gars disant qui vayant de kai, et nous autres on n'vait rin. »

« Ma mère, sœur Vitaline et Eugène se rendirent directement à la grange. Pour moi, je n'osai sortir, n'ayant pu en demander la permission. Eugène indiqua à la sœur le point précis où se trouvait la vision et lui dit :

« Vayez-vous bin, ma sœur?

— J'ai beau ouvrir mes yeux, répondit-elle, je ne vois absolument rien.

— Vayez-vous bin ces trois étoiles qui sont comme un trépied? Eh bin! ma sœur, la plus élevée des trois est juste au-dessus de la tête de la grand dame.

— Je ne puis voir, dit la sœur. »

Et elle reprit le chemin de l'école avec Victoire (c'était, nous l'avons vu, le nom de baptême de la mère Barbedette et tout le monde dans le village l'appelait ainsi).

Avant d'arriver à l'école : « J'vous en prie, ma sœur, dit Victoire Barbedette, n'dites rin de ça; les petits gars allourdent (affolent). »

C'était bien là le cri de la mère qui d'un côté est persuadée que ses enfants ne mentent pas, et qui, d'autre part, devant l'étrangeté du fait, craint qu'une sorte de folie subite ne se soit tout-à-coup emparée de ses deux pauvres enfants.

Sœur Vitaline le lui promit et entra seule dans la maison, tout en ne songeant qu'à l'événement incompréhensible qui se produisait. Au coin du feu, dans la cuisine, la sœur aperçut trois petites pensionnaires qui se chauffaient.

C'étaient Françoise Richer, âgée de onze ans, née au Loroux, diocèse de Rennes, Jeanne-Marie Lebossé, âgée de neuf ans, née à Gosné, diocèse de Rennes, et Augustine Mouton, dont les parents habitaient tout près de Pontmain.

« Petites filles, dit la sœur, venez donc par là: Victoire a quelque chose à vous montrer! »

Françoise n'osait pas sortir. Il faisait nuit et elle avait peur. Elle suivit néanmoins ses deux compagnes. A la porte, elles trouvèrent Victoire et lui dirent :

« Kai don qu'y a ? De kai qu'j'allons vâr ? »

— V'nez toujours, leur dit la mère Barbedette v'z'allez vâr. Je ne sais pas, mai (moi), j' n'ai rin vu. Mais les enfants disent qu'y vayant (qu'ils voient). »

Arrivée au pignon de la maison Rousseau, le cordonnier, Françoise Richer s'écria : « Mai (mɔi), j'vai bin d'kai su la maison à Gustin Lecô, mais je ne sais pas de qu'c'est (ce que c'est). »

En effet, Françoise, regardant sur sa droite, par la petite échappée qui laisse voir la maison Guidecoq, entre la maison Rousseau et le pignon de l'école, ne pouvait apercevoir l'apparition qu'en côté.

Toutes se hâtèrent, en entendant Eugène Barbedette qui les appelaient. Arrivées à la porte de la grange, deux des petites filles dirent immédiatement :

« Oh! La belle dame!... Elle a une robe bleue... avec des étoiles d'or... » Et elles donnèrent à leur tour les détails merveilleux déjà connus.

La troisième pensionnaire, Augustine Mouton, ainsi que plusieurs autres enfants, eurent le regret de ne pas voir l'apparition.

En quittant l'école, avec les trois pensionnaires, la mère Barbedette y avait laissé la sœur Vitaline. Celle-ci raconta tout à sa compagne, la sœur Marie-Edouard. Ces deux religieuses furent bientôt devant la grange. Là, d'ailleurs, se trouvaient déjà réunis plusieurs voisins attirés par toutes ces allées et venues, comme par les exclamations des enfants.

« Voyez-vous encore ? » dit sœur Vitaline.

— Oh! ma sœur, répondirent tous les voyants

et voyantes, nous voyons une belle grande dame avec une robe bleue toute couverte d'étoiles. »

Sœur Marie-Edouard cherchait à découvrir la vision; mais elle éprouva la même déception que toutes les grandes personnes. « Puisque, dit-elle, avec une grande sagesse, il n'y a que les enfants à voir, il faut aller en chercher d'autres. »

Elle eut en même temps l'idée assez naturelle d'aller prévenir M. le Curé. Comme il faisait nuit, elle prit avec elle Eugène Barbedette et se dirigea vers le presbytère. En passant devant la maison Friteau, elle se souvint qu'il y avait là un enfant de six ans, d'ailleurs assez maladif. Elle entra donc d'abord chez les Friteau et les pria de porter leur petit malade devant la grange.

Le presbytère touchait la maison Friteau. Eugène Barbedette et la religieuse y entrèrent.

« Monsieur le Curé, dit la sœur, venez donc chez le père Barbedette. Il y a un prodige!... Une apparition!... Les enfants voient la Sainte Vierge!...

— Un prodige!... Une apparition!... La Sainte Vierge! répéta le bon vieillard tout ému; ma sœur, vous me faites peur. »

Et il restait là, interdit, immobile.

Plus décidée, sa bonne, la vieille Jeannette, prit la parole : « Monsieur le Curé, faut aller voir; je vais allumer la lanterne. »

Tous sortirent, accompagnant M. le Curé que la surprise et l'émotion rendaient muet.

Près de la porte du presbytère, ils trouvèrent

le petit Eugène Friteau, que sa grand-mère apportait dans ses bras, en le tenant enveloppé dans une couverture; il était déjà très souffrant de la maladie qui devait le conduire au tombeau quelques mois plus tard.

La sœur Marie-Edouard, qui n'avait pas les mêmes raisons que le père et la mère Barbedette pour tenir secret un tel prodige, donna partout l'éveil sur son chemin, surtout dans les familles où il y avait des enfants.

Pendant l'absence d'Eugène Barbedette et de la sœur Marie-Edouard, et avant l'arrivée de M. le Curé, rien de bien nouveau ne s'était passé devant la grange. Le nombre des voisins accourus avait grossi. Ils entouraient et interrogeaient Joseph Barbedette et les deux pensionnaires voyantes, qui répondaient du mieux qu'ils pouvaient. Sœur Vitaline surtout ne se lassait pas de poser des questions.

« Les trois étoiles, dit Joseph Barbedette, que mon frère avait déjà indiquées, servaient de point de repère. Tout le monde les apercevait très distinctement. Ces trois étoiles, formant un triangle parfait, étaient placées l'une au-dessus de la tête de la Sainte Vierge, et les deux autres à la hauteur des coudes; à tous elles apparaissaient plus brillantes que les autres, à peu près comme des étoiles de première grandeur. »

Ici se termine ce qu'on pourrait appeler la première phase de l'apparition. Quelque chose de nouveau va bientôt se produire dans la vision elle-même, et ce changement coïncidera avec l'arrivée de M. le Curé.

Avant de continuer le récit, certaines réflexions ne sont peut-être pas inutiles.

IV

Un mot sur la première phase de l'Apparition.

On trouve peu de gens qui refusent d'admettre que la vision du 17 janvier ne soit parfaitement prouvée et établie sur des témoignages indiscutables. En revanche, nombreuses sont les personnes qui vous disent : si nous éprouvons de la répugnance à croire à la réalité de cette apparition, c'est à cause de son étrangeté en elle-même. Pourquoi la Sainte Vierge a-t-elle apparu avec un pareil costume? Pourquoi des vêtements qui rappellent si peu ceux de Lourdes, de La Salette ou des autres apparitions? Pourquoi certains détails par trop mesquins et même bizarres donnés dans les descriptions faites par les voyants et les voyantes?

— Moi, dira un chrétien, plus ou moins sceptique, je suis mal impressionné par une robe si extraordinaire de forme et de couleur? Et le diadème, dira un autre, pourquoi cette lourdeur si peu élégante? Et les chaussons bleus, renchérira un troisième?...

Les réflexions et les commentaires plus ou moins spirituels suivent ces remarques : car chacun les arrange à la couleur de son esprit.

Plusieurs auteurs qui ont écrit sur ce prodige ont voulu donner à ces particularités des explications qui, loin d'éclaircir quoi que ce soit, rendent le mystère encore plus déconcertant.

Sans trop de souci de l'exactitude, quelques écrivains n'ont guère vu dans ces détails qu'une sorte de reproduction faite par Marie des industries dévotes qu'avait imaginées le curé de Pontmain. — La Sainte Vierge, ont-ils écrit, a voulu ainsi faire plaisir à son serviteur.

Partant de ce principe douteux et qui, à notre avis, amoindrit le grand événement, ils ont voulu établir beaucoup de rapprochements plus ou moins forcés et difficiles à admettre. D'après eux, la Sainte Vierge a choisi pour sa robe la couleur bleue avec des étoiles d'or, parce que l'abbé Guérin avait donné cette couleur à la voûte en bois de son église : il avait peint aussi, disent-ils, en cette même couleur, l'intérieur de la niche placée par lui au-dessus du maître-autel.

Quant au diadème d'or, voici leurs explications: Cette couronne, disent-ils, ressemble à celle qui se trouve sur la tête de la statue de Marie placée par M. Guérin au bas du clocher paroissial, entre les deux montants en bois qui lui servent d'encadrement.

Nous avons longuement examiné cette statuette en faïence qui n'a changé ni de place, ni de forme.

Franchement, il faut avoir de l'imagination pour établir un rapprochement entre l'espèce de bourrelet doré qui sert de coiffure à cette petite statue et le diadème d'or qui couronnait la vierge au soir du 17 janvier.

En réalité, l'extraordinaire, la nouveauté du merveilleux spectacle offert aux enfants est une preuve de plus en faveur de son caractère miraculeux, sans compter qu'à tous les détails du prodige, on peut trouver une raison très profonde, très surnaturelle et bien digne en tout point de la mère de Dieu.

Il a été difficile à ceux qui ont vécu trop près de l'apparition de se former une idée complète du grand événement. Son importance s'accroît en effet avec les années qui s'écoulent. Il renferme des merveilles que l'on comprendra mieux chaque jour. On se fera même, avec le temps, une idée plus exacte de chacun des tableaux et de leur ensemble; enfin, dans des prodiges de simplicité, on découvrira des prodiges de sublimité.

Marie est descendue des cieux : elle va rester visible pendant trois heures, afin de mieux graver dans l'esprit des enfants les moindres détails de son apparition : on verra que le plus petit d'entre eux contient des beautés et des enseignements particuliers, qui peuvent faire l'objet de nos méditations et exciter à jamais notre reconnaissance.

Déjà, en 1891, le supérieur des chapelains de Pontmain écrivait cette phrase : « Toute la vie de la Très Sainte Vierge, avec ses *privilèges*, son *action* dans le monde, ses *vertus*, sa *prière*, ses *souffrances*, ses *mérites* et sa *gloire* se déroule en phases harmonieuses », sous les yeux des voyants de Pontmain.

Ici, Marie ne devait par parler comme à La Salette et à Lourdes, elle préféra d'abord révéler qui elle était, en faisant passer devant les yeux des enfants trois mystérieux tableaux où fut retracée à grands traits son histoire glorieuse.

Dans cette vision première que nous avons décrite, elle semble avoir d'abord montré sa céleste origine et quelle place elle a toujours occupée dans la pensée de Dieu.

Elle apparaît mystérieusement dans les airs, au-dessus du monde, comme la créature supérieure, à qui le Très-Haut a songé avant toutes les autres.

« Le Seigneur m'a possédée avant la naissance des mondes.

« J'étais là quand il équilibrait les astres et qu'il donnait ses fondements à la terre...

« Je suis la mère de l'amour, de la crainte qui connaît et qui adore, de l'espérance qui sanctifie...

« Mon nom remplit toute la suite des siècles. »

(*Prov.*, VIII; *Eccles.*, XXIV.)

Le bleu nous semble la couleur des immensités qui sont comme une image de l'éternité.

La Sainte Vierge apparut à Pontmain entourée de trois étoiles en triangle : c'était là comme un symbole de l'adorable Trinité qui garde Marie comme son trésor et l'objet de ses éternelles délices.

Ces astres nouveaux vus par tout le monde, restèrent fixes, à la même place, ne suivant pas le grand mouvement diurne qui, sans fin, emporte de l'orient à l'occident tout le monde stellaire. La Trinité ne change pas : elle reste, centre immobile, en dehors de tous les mouvements et de tous les renouvellements des choses créées.

Ces trois étoiles extraordinaires, qu'on ne revit plus les jours suivants, furent, ce soir-là, comme un signe intermédiaire, une sorte de transition entre le fini et l'infini. Elles montraient le surnaturel qui débordait et empiétait sur le monde naturel.

Marie portait à juste titre un diadème d'or. Elle est reine et elle est la mère du Roi des rois. Le diadème semblait énorme, massif, fondu d'un seul jet dans les ateliers du ciel. Les enfants ne savaient comment décrire cet extraordinaire couronnement. Le bloc d'or était comme coupé par un liséré rouge, couleur de sang, comme pour indiquer que Marie est arrivée à la gloire par la douleur.

On comprend que le mystérieux vêtement de la reine des mondes fût semé d'étoiles d'or.

A La Salette, Marie avait des roses sur ses

vêtements; à Lourdes, elle en portait sur ses pieds nus : tout cela aussi était symbolique : parmi les fleurs, la rose est une reine de beauté.

Des nœuds en or rassemblent ici les liens de ses chaussures. Les anges sans doute s'étaient fait un honneur de nouer artistement ces nœuds sur les pieds de leur reine.

Jean-Baptiste, en parlant de Jésus, disait : « Je ne suis pas digne de délier les cordons de ses sandales », comme si ces liens étaient un symbole d'autorité et de dignité...

Marie souriait. Elle est le sourire de Dieu, l'incarnation de sa douceur, de sa tendresse, le charme de son amour qui veut se répandre au dehors.

Les mains de la Sainte Vierge, pendant cette première phase de l'apparition, restèrent ouvertes et abaissées vers la terre. C'est de la terre surtout que viendront à Marie les occasions d'exercer ses miséricordes. Si elle est tout entière à Dieu, elle est aussi à nous tout entière. C'est pour nous que se sont accomplis les grands mystères de l'Incarnation et de la Rédemption, causes premières des grandeurs et des perfections de notre reine céleste.

Nous pourrions étendre nos commentaires et composer, à propos de cette apparition, un véritable traité sur la Très Sainte Vierge.

Nous préférons nous borner, nous proposant seulement d'expliquer chaque détail, avec le plus de précision et de sobriété possible, sans sortir aucunement de notre cadre.

Quelques écrivains, pour allonger leur récit, ont glané et recueilli çà et là, en dehors du sujet, des épisodes mystiques, des révélations douteuses et jusqu'aux différents secrets de La Salette. Or, ces dernières élucubrations ont été sévèrement condamnées par l'Eglise, dans un décret du Saint-Office, en date du 21 décembre 1915.

La manifestation céleste du 17 janvier 1871 est en soi tellement belle qu'il suffit de la considérer telle qu'elle est pour être ravi de son incomparable splendeur.

V

Deuxième phase de l'Apparition.

Devant la grange, sœur Vitaline se trouvait de plus en plus entourée par les personnes qui, de tous côtés, accouraient. Les pas et les voix font un bruit confus. Les enfants répondent aux questions des nouveaux arrivants. Les trois étoiles en triangle sont le point de mire où tous les yeux se rencontrent.

Debout, au milieu du chemin, la sœur subit de plus en plus l'influence surnaturelle qui cause tout cet émoi. Elle tire un chapelet de sa poche. Ce n'est pas un rosaire ordinaire, mais le chapelet des martyrs japonais. Vingt-six grains rouges en composent seulement la couronne. Cette pratique de piété, alors assez récente, ne s'est pas beaucoup répandue depuis, dans le monde catholique.

La belle dame souriait toujours.

Françoise, Jeanne-Marie et Joseph continuent à la regarder, servant comme d'intermédiaires entre elle et les curieux, dont les questions ne tarissent pas.

« La voyez-vous toujours? » cria de loin sœur Marie-Edouard qui arrivait, amenant avec elle M. le Curé et d'autres personnes recueillies sur la route.

« Oui, ma sœur », répondirent ceux qui voyaient.

Alors on entendit une petite exclamation de joie subite. Le petit Eugène Friteau, âgé de six ans et demi, et qu'on apportait tout malade, enveloppé dans une couverture, venait, aussi lui, de voir l'apparition. Mais il ne resta là que le temps de la décrire. A cause de sa faiblesse et de la rigueur du froid, il fut bientôt remporté chez lui par sa tante.

Il mourut deux ou trois mois après; mais son témoignage fut recueilli : cette voix d'un petit malade, qu'aucun intérêt ne pouvait porter à tromper, vint s'ajouter à toutes les autres affirmations.

« As-tu vu la Sainte Vierge? » lui demanda ensuite l'abbé Richard.

— Oh! Oui, Monsieur.

— Que lui as-tu dit?

— Oh dam! Je n'lui ai rin dit, é n'me disait rin. »

Le pauvre enfant reçut, avant l'âge ordinaire, à cause de son intelligence et de sa piété, la sainte communion que lui porta le curé de Pontmain.

Revenons à l'Apparition.

A peu près au même moment que le petit Friteau, la femme de Boitin, le sabotier, arriva portant dans ses bras sa petite fille, Augustine, âgée de deux ans et un mois. L'enfant resta d'abord ahurie devant toute cette foule : puis, portant les yeux du côté où tout le monde regardait, elle agita les mains en criant : « Le Jésus! Le petit Jésus ! » Un frisson d'émotion saisit tous ceux qui étaient présents. En vain la mère s'efforçait de détourner l'enfant de l'objet qu'elle regardait, en lui montrant d'autres points du ciel, la petite revenait obstinément vers la vision, et répétait les mêmes paroles.

Au moment où M. le curé arriva près des enfants qui voyaient, trois étranges phénomènes se produisirent dans l'apparition. Les enfants les aperçurent en même temps, sans savoir comment ces signes nouveaux s'étaient formés.

Tout d'abord, la belle dame leur parut entourée d'un ovale bleu, qui, à l'intérieur du triangle d'étoiles, l'encadrait, comme pour l'isoler de tout le reste. La couleur de cet ovale était encore plus foncée que le bleu de la robe. Il était large comme la main, et il encerclait la vision à la distance d'environ un pied et demi.

Une petite croix rouge, comme celle que portent ordinairement les pèlerins de Rome, se dessina sur la poitrine de la dame, à la place du cœur.

Enfin quatre patères ou appliques dorées, sans ornements, et formant chacune un angle droit, furent comme fixées à l'intérieur de l'ovale, deux à la hauteur des épaules et deux à la hauteur des genoux de l'apparition. Ces patères servaient de supports à quatre bougies non allumées.

La Sainte Vierge sembla alors comme placée dans une niche avec, autour d'elle, quatre bougies de couleur blanche.

« Voilà quelque chose de nouveau! » s'étaient écriés les voyants et voyantes, en constatant ces changements. La dame était toujours restée immobile et continuait de regarder les enfants avec un sourire céleste.

L'abbé Guérin se trouvait alors juste au milieu du grand portail de la grange; un peu en même temps tous les enfants lui donnaient des détails sur ce qu'ils apercevaient.

La sœur Vitaline récita le *Souvenez-vous.*

Jusque-là, aucune voix discordante ne s'était fait entendre dans la petite foule. Tout le monde s'était senti sous une influence surnaturelle. Mais, peu à peu, à mesure que le temps s'écoulait, une sorte d'impatience se manifesta. Les grandes personnes avaient beau regarder, elles ne voyaient rien. De là pour elles un certain dépit. On commença à rire, à douter, à plaisanter même. Dans un rassemblement, où tout le monde peut librement s'exprimer, il est bien rare que ceux qui se croient les plus malins ne cherchent pas à faire de l'esprit assez doucement d'abord, puis avec plus de hardiesse.

Les enfants qui voyaient furent interpellés.

On faisait toutes sortes de suppositions.

« C'est l'âme de madame Morin, dit quelqu'un, qui prend son vol vers le ciel. » Cette dame Morin, morte quelques jours auparavant, était une des personnes les plus saintes et les plus généreuses de toute la contrée.

Parmi les incrédules et les contradicteurs, quelqu'un se faisait surtout remarquer : c'était Jean Guidecoq, le frère du buraliste. Il s'adressa directement au jeune Barbedette :

« Tu vai, tai, garçaille? (Tu vois, toi, garçon?). Pour kai don que j'n'verrais pas bin étout, mai? Si j'avais s'ment (seulement) une leunette ou un mouchoué d'soie (un mouchoir de soie), j'verrais aussi bin qu'tai. »

On comprend que Guidecoq eût désiré une longue-vue, mais pourquoi un foulard de soie? La soie, paraît-il, dans l'esprit des gens de certaines campagnes, jouirait de propriétés un peu surnaturelles.

Victoire Barbedette ne doutait plus de l'apparition. Elle dit à Guidecoq : « Il est facile de te procurer un foulard de soie, j'en ai justement un chez nous. » Elle alla le chercher.

« Tiens, dit-elle à Guidecoq, voilà! Maintenant, essaie. » Le paysan prit gravement le foulard de soie, le déploya, l'éleva à la hauteur de ses yeux, en tenant les coins supérieurs par chacune de ses mains; alors, il regarda avec attention.

« Vois-tu? Vois-tu? lui demandait-on. »

Il restait toujours immobile, cherchant à découvrir quelque chose.

« Vois-tu? insistait-on de tous côtés.

— Ma foi, non, dit-il enfin d'un air déconfit. »

Jeanne-Marie Lebossé dit, quelques jours après, à l'abbé Richard : « I r'gardit à travers son mouchoué; mais i n'vit rin en tout; il'tait cor pu bouché qu'avant. »

Des rires et diverses réflexions se firent entendre. On causait bruyamment; on discutait avec animosité.

Eugène Barbedette, qui était au milieu de la route, s'écria : « Voilà où elle tombe dans l'humilité! »

« Oui, elle tombe en humilité, » dirent en même temps les autres voyants. Dans la campagne de Pontmain, cette expression signifie tomber dans la tristesse.

Jusque-là les voyants et les voyantes allaient et venaient dans la foule, pendant qu'Eugène Barbedette restait au milieu du chemin, à côté de M. le Curé. Mais, à ce moment les quatre enfants se trouvèrent réunis tout près d'Eugène Barbedette. L'idée vint à sœur Vitaline qu'ils pouvaient se concerter pour faire des réponses semblables.

Elle exprima tout haut sa pensée. Alors tout le monde s'écria : Il faut les séparer.

On éloigna les enfants les uns des autres.

Sœur Vitaline, prenant son autorité de maîtresse d'école, les plaça séparément, tout près du petit muret qui, par rapport à la grange, est de l'autre côté de la route. Joseph était plus à droite : il avait Eugène à sa gauche, puis venaient Françoise et Jeanne-Marie. Françoise et Eugène, un peu plus grands de taille et placés plus en face voyaient encore assez bien l'apparition; mais Joseph et Jeanne-Marie ne l'apercevaient presque plus, gênés qu'ils étaient par le petit mur. Ils découvraient à peine la tête de la dame, en se levant sur la pointe de leurs pieds.

« Je ne suis pas bien là, » dit Jeanne-Marie.

« Le mur empêche, » dit Joseph.

Bientôt Jeanne-Marie reprit la liberté de ses mouvements et revint juste au milieu. Joseph ne tarda pas non plus à changer de place. Instinctivement les enfants se mettaient au point précis où la dame regardait en souriant.

Les discussions reprirent de plus belle. Alors le vénérable curé, qui à ce moment était dans la grange, sortit, et, élevant la voix : « Silence! dit-il, si les enfants voient la Sainte Vierge, c'est qu'ils en sont plus dignes que nous. »

Tout le monde se tut.

Depuis quelque temps, sœur Marie-Edouard priait M. le Curé de parler à la Sainte Vierge : car, pour elle comme pour beaucoup de personnes présentes, il n'y avait aucun doute : c'était bien la Sainte Vierge que les enfants voyaient. « Hélas ! ma sœur, répondit à la fin le digne prêtre, que lui dirais-je, je ne la vois pas... Prions plutôt, mes amis, prions! »

Chacun se mit à genoux à l'endroit même où il se trouvait, les uns au milieu du chemin, les autres près du portail de la grange, dont la petite porte seule restait ouverte. A genoux sur le seuil de cette porte, sœur Marie-Edouard commença la récitation du chapelet, à laquelle tout le monde répondit. On priait avec ferveur, surtout pour le salut de la France.

Comme l'apparition va changer d'aspect, on nous permettra, avant de décrire la phase nouvelle qui va commencer, de faire quelques réflexions sur l'ovale bleu, la petite croix rouge et les quatre cierges ou bougies qui ont comme signalé l'arrivée de M. Guérin.

Nous avons déjà dit que la Sainte Vierge, avant de faire savoir pourquoi elle était venue, semble avoir voulu se nommer d'une manière digne d'elle, en exposant, comme en trois tableaux, son histoire glorieuse. En effet, cette seconde phase, ou second tableau, nous montre, non plus Marie dans la pensée de Dieu, mais sa naissance dans le temps, et le commencement de sa mission terrestre, telle que l'Eglise l'a comprise et l'enseigne à ses fidèles. Il était juste que cette phase coïncidât avec la présence de M. le curé Guérin, représentant officiel de l'Eglise.

Nous donnons ici des réflexions purement personnelles; pourtant nous ne croyons nullement faire œuvre de fantaisie ou d'imagination; car notre conviction découle naturellement et logiquement des trois signes apparus, dont nous allons parler.

L'ovale bleu entourait complètement la Vierge.

Si Marie fait partie de l'humanité, elle n'en est pas moins séparée par son immaculée conception. Ce sublime privilège en fait une créature à part : elle est en dehors de nous, qui naissons dans la honte et la misère du mal originel. Mais les flots du péché n'ont jamais franchi la barrière qui entoure Marie. Aucune brêche ne rompt la continuité de ce cercle tracé autour d'elle par la main du Tout-Puissant.

Une petite croix rouge apparut aussi sur la poitrine de Marie.

La croix rappelle nécessairement les mystères de l'Incarnation et de la Rédemption, causes premières des grandeurs de la Vierge immaculée. La mère de Jésus porta d'abord sur son sein et dans son cœur son fils qui, sur une croix, devait sauver le monde. L'Eglise est née au pied de la croix : elle est sortie du cœur de Jésus, en même temps que son sang divin. Voilà pourquoi Marie, mère de Jésus, est aussi la mère de l'Eglise et de tous les chrétiens qui forment le corps mystique du Sauveur.

Or, en toute bonne foi, tous ces mystères pouvaient-ils être mieux figurés (et d'un seul trait) que par cette croix, couleur de sang, qui resta sur le cœur de Marie jusqu'à la fin de la vision?

Quatre cierges apparurent également, avec leurs supports, comme pour encadrer la Vierge de Pontmain.

Pourquoi ce détail qui nous paraît, si j'ose ainsi parler, d'une simplicité enfantine? Pourquoi ces objets regardés par certaines gens comme vraiment trop vulgaires dans une apparition de la mère de Dieu. Vous entendrez même quelques personnes qui vous diront : nous ne croirons jamais à cette apparition, à cause des bougies!

Pour expliquer cet étonnant détail, quelques commentateurs ont dit que ces bougies étaient là pour faire plaisir à l'abbé Guérin; parce que, toujours d'après eux, le bon curé avait placé quatre bougies avec leurs appuis autour de la statue qui, à Pontmain, occupait la niche derrière le maître-autel. Malheureusement pour ces auteurs, il n'y avait eu jusque-là dans la niche que deux bougies, non pas sur des appliques ou patères, mais sur deux courtes bobèches à plat aux pieds de la statue. Voilà le fait qu'une enquête sur place a encore absolument établi. On allumait bien, de temps à autre, quatre bougies à l'autel latéral à gauche du chœur; mais ces flambeaux posés en ligne n'encadraient pas de statue de la Sainte Vierge.

Pour nous, les quatre flambeaux de l'apparition, posés sur leurs appuis simples, mais en or, avaient une très haute signification. Ils symbolisaient probablement toutes les louanges terrestres que l'Eglise concentre et surnaturalise dans les cérémonies et les prières de sa liturgie sacrée.

Expliquons-nous. Dans la création purement matérielle, ce que Dieu a fait de plus beau, c'est la lumière. Il en a revêtu les astres et le soleil. L'homme, usant de ce don divin, se sert de flambeaux pour son utilité; mais, par reconnaissance, il en allume aussi dans les temples. Les cierges des cérémonies religieuses sont comme une offrande que l'homme fait à Dieu de la lumière, qui résume en elle toutes les splendeurs de la nature. Le cierge éclaire en se consumant. Il donne son existence pour remplir sa fonction : il est donc aussi l'image du sacrifice. Bien plus, sa flamme et sa chaleur sont considérées comme le symbole de l'amour. Voilà pourquoi des cierges, en l'honneur de Jésus et de Marie, sont si souvent allumés dans les cérémonies religieuses.

D'ailleurs l'Eglise, dans ses saintes rubriques, en réglemente et le nombre et l'emploi. Symbole de la beauté du monde, symbole du sacrifice, symbole de l'amour, la lumière du cierge est offerte par l'homme à Celui de qui vient toute beauté, toute sainteté et tout amour.

Ce n'est pas tout : ainsi que l'Eglise nous le dit dans ses cérémonies du samedi saint, la substance du cierge est formée par le suc des fleurs que les abeilles ont recueilli : il est, en quelque sorte, l'essence purifiée de la matière elle-même. Toutes les œuvres inférieures, toutes les choses visibles sont ici comme purifiées et ennoblies dans une offrande symbolique. Beaucoup de savants, qui se confinent dans l'étude de la matière, reprochent à l'Eglise de trop ignorer ce monde concret et tangible ; pourquoi affectent-ils donc de ne rien comprendre, lorsque justement la religion exalte la matière et lui donne une voix pour louer Dieu?

Les humbles bougies ou cierges de Pontmain n'étaient donc pas des objets vulgaires et méprisables, puisqu'ils symbolisaient sans doute toutes les louanges, tous les hommages, toutes les prières qui, dans nos temples matériels, monteront vers Dieu et sa mère jusqu'à la fin des temps.

VI

Troisième phase de l'Apparition.

Nous avons dit que la Sœur Marie-Edouard, à genoux sur le seuil de la grange, récitait tout haut le chapelet, et que tous les assistants, également à genoux, répondaient à cette prière. Les enfants qui contemplaient l'apparition étaient restés debout devant le grand portail de la grange.

Voici le nouveau spectacle qui se déroula devant leurs yeux. Joseph Barbedette, sans essayer de l'expliquer, l'a minutieusement décrit.

« A peine le chapelet fut-il commencé, dit-il,

que la belle Dame se mit à grandir. Les pieds restaient à la même place, mais tout son corps grandissait, grandissait, grandissait toujours. A la fin du chapelet, elle était deux fois grande comme Sœur Vitaline.

» Le cercle bleu de même s'était développé en proportion, de manière à rester toujours à la même distance de la belle Dame. L'étoile du triangle qui se trouvait au-dessus de la tête s'était aussi élevée progressivement dans le ciel.

» Notons en passant que cette taille toujours grandissante n'avait rien de choquant. La personne tout entière restait toujours admirablement proportionnée. La figure avait gardé son sourire et son expression de dix-huit ans.

» Tandis que l'Apparition grandissait de la sorte, les étoiles se multipliaient merveilleusement. Nous les voyions paraître à quelques centimètres de la robe et s'y coller aussitôt, tantôt en haut tantôt en bas, d'une manière irrégulière et comme jetées au hasard (1).

» C'est une fourmilière, disions-nous ; y en a-t-il, y en a-t-il ! elle est presque toute dorée ! »

» Enfin les étoiles *du temps* (c'est-à-dire les étoiles du ciel autres que celles du triangle, et qui nous paraissaient être des étoiles ordinaires), ces étoiles, dis-je, à mesure qu'elles allaient être cachées à nos regards par la belle Dame qui grandissait, se rangeaient de côté pour la laisser passer, puis descendaient le long de son corps,

(1) « Ces étoiles, qui ornaient la robe, brillaient, mais ne scintillaient pas. » (Témoignage d'Eugène Barbedette).

et venaient se grouper au-dessous de ses pieds, en dehors du cercle bleu. A la fin, il y en avait une quarantaine.

» Pendant tout le chapelet, la belle Dame ne cessa de nous regarder en souriant.

» On m'a demandé de bien préciser les différentes étoiles qui ont joué un rôle dans l'Apparition. Il faut distinguer : 1° les trois grandes étoiles formant le triangle au milieu duquel était la tête de la Sainte Vierge, TOUT LE MONDE LES A VUES; 2° les étoiles de la robe, à cinq pointes (pentagone étoilé, inscrit dans un cercle de cinq centimètres de diamètre) que nous seuls avons vues; 3° les *étoiles du temps*, étoiles ordinaires que tous les assistants voyaient toujours à la même place; 4° les étoiles qui nous paraissaient ordinaires et que nous avons vües venir se grouper au-dessous des pieds de la Sainte Vierge. Qu'étaient ces étoiles de la quatrième catégorie ? Elles nous paraissaient absolument semblables aux étoiles du firmament. Je ne saurais dire cependant si elles en étaient; car alors nous les aurions vues, nous quatre, subir un mouvement et se grouper à une place particulière, tandis que les assistants les auraient vues à leur place ordinaire. »

Nous n'avons voulu rien changer au texte du récit fait de cette phase par un des voyants. Nous nous permettons d'abord quelques remarques sur le fait en lui-même; nous nous efforcerons ensuite de voir ce qu'il peut signifier.

La Sainte Vierge, ayant toujours gardé la position verticale, les trois étoiles visibles et immobiles qui l'encadraient formaient nécessairement un triangle isocèle dont la base était horizontale.

L'Apparition se manifesta et resta toujours à environ douze degrés à droite de l'étoile polaire et à une quinzaine de degrés au-dessus de l'horizon.

Or, le 17 janvier, de cinq à neuf heures du soir, à aucun moment, trois grandes étoiles ne forment au firmament un triangle isocèle à base horizontale. Qu'on prenne les trois étoiles que l'on voudra, dans le quadrilatère de la Grande Ourse, constellation qui semble occuper la place de l'apparition, jamais on n'obtiendra rien qui rappelle la figure géométrique demandée. Les deux gardes, ou les étoiles A et B de cette constellation pourraient présenter à la rigueur un des côtés isocèles du triangle, mais la troisième étoile, qui se trouvait à côté du bras droit de l'apparition, fait absolument défaut. Or, trois étoiles de grosseur égale, et en triangle régulier, furent visibles pendant toute la durée du prodige et ne reparurent plus les jours suivants.

Il est profondément regrettable qu'aucun des assistants, pas même M. Guérin, n'ait eu quelques rudimentaires notions de cosmographie. C'est cette partie du ciel en effet que l'on apprend à connaître la première. Le bon abbé aurait dit aux enfants : « Moi aussi, je vois un miracle de premier ordre. Voilà des étoiles qui ne devraient pas être naturellement où elles sont. Dieu me les montre : cela me suffit pour constater un grand prodige surnaturel. »

Quant aux étoiles *du temps* ou du firmament, Joseph Barbedette a raison de ne pas les confondre avec celles qui se déplacèrent, soit pour se poser sur la robe de la Sainte Vierge, soit pour former sous ses pieds une sorte de trône glorieux : l'ordre naturel et l'ordre surnaturel ne doivent pas être entremêlés.

Nous avons vu que les étoiles du triangle représentaient peut-être la Trinité trois fois sainte. Celle du haut surtout parut s'élever. Comment expliquer ce fait, puisque la Trinité reste immuable ? — Dans une certaine mesure, la création, et surtout Marie, la créature parfaite, peuvent donner à Dieu une sorte d'accroissement accidentel de bonheur et de gloire. Cette vérité est conforme aux enseignements de l'Eglise. La foule, n'ayant pas de point de repère précis, ne remarqua pas cet élargissement du triangle, qui, d'ailleurs se fit lentement pendant la durée du chapelet. Que peuvent donc figurer les déplacements d'étoiles et toute cette grande fête du monde sidéral, dont furent témoins les heureux voyants ?

Marie, après sa vie terrestre, monta aux cieux. Le jour de son Assomption, elle prit possession de son trône. Ce jour-là, tout le ciel fut en fête, pour célébrer la bienvenue de celle qui devait être à jamais la Reine des anges et de tous les élus.

On remarquera que le miraculeux agrandissement de Marie coïncida avec les prières et les louanges qu'on lui adressait.

La gloire de Marie ne semblait plus pouvoir grandir après son départ pour le ciel; pourtant les prières et les louanges de l'Eglise et de tous les fidèles lui procurent de siècle en siècle, comme une nouvelle exaltation. A Pontmain, Marie continue à montrer ce qu'elle est, à se nommer d'une manière digne d'elle, en rendant visible le développement de sa gloire et de sa puissance.

Elle grandit donc aux yeux des voyants.

« Je me suis élevée, a-t-elle dit dans les Ecritures, comme le cèdre sur le Liban.

» Et comme les cyprès sur les montagnes de l'Hermon.

» Je me suis élevée comme le palmier d'Engaddi,

» Et comme le rejeton des rosiers à Jéricho.

» Et comme le platane, j'ai grandi,

» Et mes rameaux sont des rameaux de magnificence et de grâce. » (*Eccles.*, XXIV, 17 et suiv.)

Sublimis inter sidera. « Sa grandeur paraît au milieu des astres. »

Quand Marie grandit aux yeux des voyants, certaines étoiles lui font place, d'autres se groupent au-dessous de ses pieds. D'après les Saintes Ecritures, S. Thomas et Dante, les étoiles symbolisent merveilleusement les anges. Les étoiles, en effet, comme les esprits célestes, ont été créées avant les hommes. Elles ont rempli les immensités du firmament, comme les anges avaient peuplé les paradis. Elles ont comblé l'immense abîme qui séparait la terre du ciel : le monde angélique, lui aussi, a été le premier intermédiaire entre Dieu et la création matérielle.

Le firmament a toujours le même aspect, et il semble devoir le garder à jamais : il est comme l'image de l'éternité. Les anges, eux aussi, sont immortels : ils n'ont aucun déclin. « Vous veillez dans la lumière divine, leur dit Dante; Jamais le cours des siècles ne vous est dérobé par le sommeil ou par l'ignorance. »

Les astres sont de différentes classes : ils n'ont ni la même couleur, ni la même grandeur, ni le même éclat : chacun d'eux a son degré de chaleur, comme sa constitution et sa beauté propre. Ainsi, chaque ange forme comme un monde distinct; pourtant tous sont groupés en hiérarchies et se superposent en innombrables échelons dans l'immensité du plan divin. Chaque esprit angélique doit contribuer à la gloire de Dieu et le louer à sa manière, comme, dans la création, la fleur la plus petite, ou l'astre le plus merveilleux.

Un ange, comme une étoile, est un univers, où Dieu a accompli des miracles de puissance. Comme les anges sont des esprits d'intelligence et d'amour, on dit au figuré qu'ils sont des esprits de lumière et de feu, et, sous ce rapport, on les compare encore aux étoiles. Aussi l'Ecriture fait elle-même des rapprochements entre les anges et les astres. Isaïe donne à Satan le nom de Lucifer ou d'étoile du matin. « Comment as-tu été arraché du ciel, ô Lucifer, splendeur du matin ? Te voilà humilié et sans force, toi qui disais dans ton cœur : Je m'élèverai jusqu'au ciel, je m'y établirai un trône au-dessus des étoiles de Dieu. » (*Isaïe*, XIV, 2 et suiv.). Jésus dit dans l'Evangile : « Je voyais Satan tomber du ciel comme un météore fulgurant. » (Luc, X. 18.)

Les bons anges, au contraire, sont les serviteurs de Dieu, et lui obéissent comme les astres qui suivent le chemin qui leur a été tracé depuis le commencement du monde.

Si l'on excepte les trois astres en triangle, et qui symbolisaient sans doute la Trinité, toutes les autres étoiles en mouvement vues par les enfants de Pontmain pouvaient figurer les anges, dont Marie est la reine. Les uns venaient rehausser l'éclat de ses vêtements, et les autres se groupaient sous ses pieds, pour lui former un trône de lumière. Ce sera sans doute un ange, et le premier de tous, qui viendra bientôt, sous la forme d'une étoile, allumer les quatre flambeaux, et qui ira se placer immédiatement au dessous de l'astre le plus élevé du triangle miraculeux.

De petits paysans de dix à douze ans auraient-ils pu inventer cette admirable scène qui rappelle les sublimes visions retracées par le génie de Dante ?

« Regarde, au-dessus de toutes les sphères, tu verras la reine, à qui le ciel est dévoué et soumis.

» Je levai les yeux et je la vis qui semblait resplendir comme une aurore dans le ciel lui-même.

» Autour d'elle, je vis plus de mille anges, aux ailes ouvertes, et qui, distingués chacun par leur ferveur et leur éclat, paraissaient la fêter à l'envi.

» Cette beauté, qui comblait ainsi de joie tout ce qui est saint, souriait aux processions et aux chants des anges.

» ... Je vis une foule d'étoiles nouvelles se mouvoir et descendre de degré en degré. Chaque mouvement les rendait plus belles.

» ... Je vis cent petits astres qui, réunis, s'embellissaient par leurs rayons.

» ... D'autres lumières formaient des rondes qui tournaient avec plus de rapidité ou de lenteur, selon la part qu'elles recevaient de la richesse du ciel.

» Ces clartés étaient innombrables, comme les étincelles qui jaillissent d'une masse de fer rouge battue dans une forge. Chaque étincelle, en cet embrasement, se multipliait en d'autres étincelles.

» ... Ces chœurs de feu chantaient : *Hosanna !*

» ... Toutes ces hiérarchies d'anges reçoivent de Dieu leur bonheur et leur lumière : elles sont entraînées vers Lui et elles attirent tout à Lui.

» La nature angélique est tellement multipliée qu'il n'est pas de termes humains pour exprimer le nombre des anges.

» La lumière divine, qui éclaire tout, se répand en parties infinies, dont chacune est reflétée dans un ange.

» Considère que c'est une substance éternelle et sans borne qui rayonne ainsi dans ces millions de miroirs : l'essence divine se réfléchit dans chacun de ces astres vivants, sans altérer en rien son adorable unité. » (DANTE, *Paradiso.*, XXXI, et *passim.*)

VII

Quatrième phase de l'Apparition ou le Message de la Sainte Vierge.

Les enseignements contenus dans les trois premiers tableaux peuvent s'adresser à l'univers tout entier. Marie s'y était révélée et magnifiquement nommée. Par les prodiges qui vont tout à l'heure se dérouler sous les yeux des voyants, la mère de Dieu va nous apprendre pourquoi elle est venue dans son royaume de France.

Quand le chapelet fut achevé, beaucoup de personnes se plaignirent de la rigueur du froid : le père Barbedette proposa d'entrer dans sa grange. Comme elle servait en même temps d'écurie, le froid y était moins vif. Pour que la petite foule entrât plus facilement, on ouvrit à deux battants le grand portail. Tous les habitants du bourg étaient là au nombre d'environ cinquante à soixante. Quelques chandelles de résine furent allumées à l'intérieur de la grange. Les enfants qui voyaient restèrent au dehors, près de la porte. On leur apporta des chaises; mais ils se tinrent debout, pendant presque toute la durée de l'apparition; d'ailleurs, aucun d'eux ne ressentit la rigueur du froid.

L'abbé Guérin pria la sœur d'entonner le *Magnificat*.

La description faite par les enfants, des splendeurs qui jusque-là s'étaient déroulées devant leurs yeux, suggéra au bon curé l'idée de faire chanter ce cantique de triomphe.

Le premier verset n'était pas achevé que tous les voyants s'écriaient : « Voilà quelque chose qui se fait ! »

Le chant fut interrompu.

Au-dessous des pieds de la belle Dame, une grande banderole blanche venait de paraître.

« Cette banderole, dit Joseph Barbedette, ne portait aucun ornement. On aurait dit une bande de toile blanche, bien tendue, formant un rectangle parfait.

« Voilà encore de kai (quelque chose) qui se fait ! » dirent les enfants.

— C'est un bâton !

— C'est une lettre ! !

— C'est un M ! ! ! »

L'M resta seul quelques instants.

« Voilà encore une autre lettre : c'est un A.

— Encore une autre : c'est un I.

— Encore, encore ! C'est un S.

— MAIS. »

La curiosité de la foule était vivement excitée. Entre les enfants, c'était à qui nommerait les lettres le premier. Pendant environ dix minutes, le mot MAIS resta seul sur la banderole. On ne cessait d'interroger les voyants, de les faire épeler. Comment ce mot MAIS, tout seul, pouvait-il être là? Comment lui donner une explication ? Il montrait cependant ses grandes lettres majuscules dorées, hautes d'environ cinquante centimètres.

Dix minutes après, d'autres lettres se formèrent lentement, les unes après les autres. Elles étaient comme dessinées avec un pinceau par une main invisible, mais sans retouche.

Le chant du cantique, qui avait repris, fut souvent interrompu, pendant que les enfants épelaient les lettres à mesure qu'elles se formaient. Les enfants se levaient, se déplaçaient, étaient parfois séparés par les sœurs ou par d'autres personnes. Ils étaient hors d'eux-mêmes, manifestaient par des gestes animés et expressifs les sentiments d'admiration que leur inspirait le spectacle qu'ils contemplaient. Pourtant jamais on ne put surprendre aucune contradiction, ni constater la moindre hésitation dans leurs réponses. A la fin du *Magnificat*, ils pouvaient lire ces mots écrits, sans aucune ponctuation : MAIS PRIEZ MES ENFANTS.

Cent fois interpellés et contredits, cent fois ils répétèrent la même chose, lisant ou épelant tour à tour, au gré de ceux qui les interrogeaient. A la fin, tout le monde fut en proie à une émotion religieuse intense. Les incrédules n'osaient plus rire et la plupart pleuraient.

C'est pendant le chant du *Magnificat* que se passa un incident tout particulier. Un individu du bourg, Joseph Babin, rentrait d'un petit voyage à Ernée. Entendant chanter le *Magnificat*, il cria à la foule qui priait : « Vous pouvez prier le bon Dieu, les Prussiens sont à Laval. — Ils seraient à l'entrée du bourg, lui fut-il répondu, que nous n'aurions pas peur. » Frappé de cette réponse, il rentra quelques instants dans sa demeure, et vint se joindre à la foule qui priait.

Voici le moment de raconter un fait beaucoup plus étrange.

La femme d'Augustin Guidecoq, qu'on ne désignait dans le pays que sous le nom de Mariette Lecô, était arrivée à la grange en même temps que M. le Curé. Après avoir regardé l'endroit de l'apparition, elle était rentrée chez elle, parce qu'elle ne voyait rien et qu'elle avait froid.

Pendant le chant des Litanies, la curiosité la ramena devant la grange. Elle ne put encore rien voir.

Elle s'en alla de nouveau. « Monsieur le curé ne voit rien, se dit-elle à elle-même; les sœurs ne voient pas davantage; les enfants disent que c'est sur notre maison, et moi, je ne vois rien non plus. Bien sûr que leur vue est troublée. Il n'y a rien. »

En revenant vers sa maison, elle traversa la grande route et longea l'aire à battre. En face de la barrière qui, de l'aire, donnait accès sur la petite place de l'église, elle jeta les yeux au-dessus du toit de sa demeure. « Il n'y a rien, murmura-t-elle. »

Voulant continuer son chemin, elle sentit que ses jambes fléchissaient et elle tomba à genoux sur la neige glacée. « Voilà que le bon Dieu me punit, pensa-t-elle. » Elle récita, en pleurant, trois ou quatre *Pater* et *Ave*, en l'honneur de la Sainte Vierge. Ensuite elle put se relever et rentra à sa maison, qu'elle traversa rapidement, et sortit dans son jardin, espérant de ce côté voir l'apparition. Son espoir fut déçu.

Mais, avant de retourner à la grange, elle entra dans la maison de Basile Avice, le charpentier, et dit : « Basile, venez donc, avec vos enfants, devant la grange de Bérios (souvent on désignait ainsi le Père Barbedette). Les enfants voient la Sainte Vierge. »

Avice avait chez lui trois de ses enfants, deux petites filles de six à huit ans, et un petit garçon de quatre ans, nommé Joseph. Le charpentier prit ce dernier sur ses bras, et, suivi de ses deux petites filles, arriva devant la grange.

« Je vois bien, aussi moi, dit aussitôt le petit Avice à son père.

— Qu'est-ce que tu vois ?

— Une belle grand'dame, avec une robe bleue et des étoiles dorées... Elle est plus belle qu'à l'église.

— Mais, tu ne sais seulement pas ce que c'est que du bleu, mon pauvre petit gars, dit le père.

— Si, papa, dit le petit. Le dimanche, j'ai un

gilet qu'a des manches bleues... Mais, la dame, c'est bien plus beau ! »

Plusieurs personnes s'écrièrent alors : Le petit Avice voit ! Le père reprit aussitôt : « Est-ce qu'on peut se fier à un enfant de cet âge ? Comme tous les enfants, il répète ce qu'il entend. »

Le charpentier dit alors à son fils : « Tu me parleras tout bas, à moi tout seul. » Comme le groupe des curieux se rapprochait, le père Avice écarta tout le monde d'un geste, ne voulant pas de nouveau attirer l'attention.

« Elle me regarde, et elle rit ! répétait le petit.

— Ne me parle plus, dit le père; tu me diras à la maison tout ce que tu auras vu. »

Le jeune Avice garda alors le silence. Mais il semblait si heureux de contempler la vision, que son père et ses sœurs, malgré le froid qui faisait grelotter ces dernières, restèrent avec le petit Joseph, à la grange, jusqu'à la fin de l'apparition, ne voulant pas priver l'enfant du bonheur dont il jouissait et qui apparaissait sur sa figure toute transformée.

Plus tard, le père Avice s'obstina à éloigner de son jeune fils tous les curieux et les enquêteurs.

Les raisons de cette ligne de conduite sont données dans le document qu'on pourra lire à la fin de cet opuscule.

Nous n'avons pas voulu taire ce fait qui repose sur les témoignages les plus sérieux, et qui signale encore un enfant auquel la Sainte Vierge voulut bien se manifester.

Pendant le chant du *Magnificat*, à part quelques instants où la contradiction avait été vive, la Sainte Vierge n'avait cessé de regarder les enfants en souriant. Quand il fut terminé, quelques personnes qui étaient restées hors de la grange, y entrèrent pour se préserver du froid. Les chaises qu'on avait apportées aux enfants furent aussi rapprochées de l'intérieur; pourtant ceux-ci ne souffraient aucunement de la rigueur de la température.

« Il faut, dit M. Guérin, prier la Sainte Vierge de manifester sa volonté », et il pria Sœur Marie-Edouard de chanter les Litanies.

« Voilà encore quelque chose qui se fait, s'écrièrent les voyants. C'est un D... C'est un I... » Et tous épelèrent ces mots :

DIEU VOUS EXAUCERA EN PEU DE TEMPS.

Après ce mot *temps*, au bout de la ligne écrite, qui prenait toute la longueur de la banderole, il se forma un gros point semblable à un soleil d'or, ayant la hauteur des lettres.

A ce moment, l'assemblée se sentit soulevée par un sentiment d'invincible espérance. « C'est fini ! C'est fini ! disait-on, la guerre va cesser, nous aurons la paix. »

Quelques jours après, l'abbé Richard demandait à Eugène Barbedette à quelles intentions il avait fait toutes ces prières.

— « Je priais, répondit-il, pour que mon frère aîné ne reçut pas un *mauvais coup*, pour obtenir la paix, le départ des Prussiens et le retour de la tranquillité.

— « Voilà qu'elle rit ! s'écrièrent encore les

voyants. Voilà qu'elle rit ! » Ils riaient, eux aussi, pour manifester leur joie.

Après les Litanies, M. le Curé fit chanter l'*Inviolata*. Aussitôt, les enfants annoncèrent que de nouvelles lettres se dessinaient sur le même écriteau blanc, mais au-dessous de la première ligne.

Un M se forma d'abord.

Jeanne-Marie, la plus jeune des voyantes, s'écria avec sa vivacité naïve : « La bonne Vierge va encore écrire : *Mais priez mes enfants.* Elle croit peut-être qu'on n'a pas pu la lire. »

Au moment où l'on finissait de chanter : *O Mater alma Christi carissima, O douce et bien-aimée Mère du Christ*, les voyants avaient épelé lettre par lettre ces mots : MON FILS... Nul doute possible désormais, c'était bien la Sainte Vierge.

« C'est elle ! » dirent les enfants.

— « C'est elle ! » répéta la foule.

Après l'*Inviolata*, le *Salve Regina* fut chanté.

« Voilà un S, un E, un L, un A... Il y a : SE LAISSE, dirent les enfants.

— Mais non, dit Sœur Vitaline, vous lisez mal; *se laisse* ne veut rien dire : il doit y avoir SE LASSE, il n'y a pas d'I.

— Du tout, ma sœur, il y a un I, » dirent les quatre voyants.

Au bout de quelque temps, ils s'écrièrent : « Mais, ma sœur, attendez donc, ce n'est pas cor fini. V'là cor des lettres. »

Un peu avant la fin du *Salve Regina*, ils lurent MON FILS SE LAISSE TOUCHER.

Un grand trait doré comme les lettres se forma lentement au-dessous de cette seconde ligne, comme pour en signaler l'importance. Les chants avaient cessé. La foule priait en silence. Le message de la Sainte Vierge semblait terminé. Il n'y avait plus qu'à remercier et à rendre grâces au Fils et à la Mère de Dieu. La céleste inscription était assez claire par elle-même, pourtant elle soulève deux petites difficultés.

Pourquoi commençait-elle par le mot MAIS ?

Pourquoi n'avait-elle pas toute la ponctuation grammaticale et régulière ?

Un ingénieux chanoine de Laval propose l'explication suivante : « La phrase régulière, dit-il, est celle-ci : *Mon Fils se laisse toucher; mais, priez, mes enfants : Dieu vous exaucera en peu de temps.* » Alors, tout s'explique : le gros point de la fin, le mot *mais*, et l'absence de ponctuation. En effet, la phrase étant bouleversée, la ponctuation n'est guère possible.

Malheureusement, cette solution a le tort de modifier les faits au lieu de les expliquer : cette méthode ne sera jamais admise.

Quelques jours après l'événement, les Religieuses de Pontmain conduisirent les enfants à Fougères, où est située la maison-mère de leur congrégation. La supérieure interrogea les petits voyants : « La Sainte Vierge, leur dit-elle, sait le français, elle n'a pas pu commencer une phrase par le mot *mais*. »

Jeanne-Marie Lebossé repartit vivement : « Sœur Vitaline sait pourtant bin le français : eh bin ! quand elle est lassée de voir qu'on ne travaille point, é donne un grand coup de pied su l'estrade, et pis é dit : *Mais étudiez donc, mais étudiez donc.* »

Une phrase commençant par *mais*, considéré comme une sorte d'interjection marquant la surprise, et souvent la réprobation, est certainement française. Cette manière de parler est en effet employée souvent, surtout dans le style de la conversation; mais il est probable que, si la phrase céleste débuta par *mais*, c'était pour des raisons mystérieures et profondes. Ce mot *mais* supposait sans doute que la phrase avait commencé dans l'éternité et qu'elle finissait dans le temps.

Le bras de Dieu s'est appesanti sur la France : *mais* priez, mes enfants.

... Tout semble humainement perdu : *mais* priez, mes enfants.

... Vos ennemis sont partout victorieux : *mais* priez, mes enfants.

... Des maux plus terribles pourraient fondre sur vous : *mais* priez, mes enfants.

... J'ai intercédé pour vous; le courroux de Dieu s'apaise : *mais* priez, mes enfants.

La phrase complète avait sans doute toutes ces significations, et bien d'autres encore. Nous ne connaîtrons qu'au ciel, le sens exact et précis de tout ce mystérieux message; mais toutes les idées que nous indiquons viennent naturellement à l'esprit.

Ce premier mot *mais* ne montre-t-il pas d'ailleurs que les enfants n'auraient pas songé à inventer un pareil début; ils l'eussent fait d'autant moins que ce mot, d'après eux, resta seul écrit au firmament pendant environ dix minutes.

L'absence de ponctuation suffisante nous surprend tout d'abord. L'inscription ponctuée grammaticalement serait probablement celle-ci : *Mais priez, mes enfants : Dieu vous exaucera en peu de temps. Mon Fils se laisse toucher.* Mais les anges, qui probablement furent chargés de former les caractères, n'employèrent pas l'écriture cursive, ils adoptèrent le grand style ou le style lapidaire, celui des inscriptions. Or, dans cette manière d'écrire, toutes les lettres sont ordinairement majuscules; de plus, la ponctuation est toute spéciale.

Parfois, chaque mot est séparé par un point : mais plus fréquemment, on se contente de placer un point, plus ou moins gros, entre chaque grande idée. C'est cette dernière méthode, d'ailleurs la plus ordinaire, qui caractérise l'inscription de Pontmain. Le meilleur épigraphiste n'a rien à y reprendre.

On peut en conclure qu'elle n'est pas seulement un message particulier, mais aussi l'expression d'une grande vérité rappelée à toutes les générations du présent et de l'avenir. Voilà pourquoi sans doute elle a été présentée sous une forme plus solennelle. Outre le sens premier, applicable au temps présent, elle exprime une vérité plus profonde et plus générale.

Oui, sans doute, Marie annonçait d'abord que Dieu avait été sensible aux prières qu'on lui adressait dans toute la France : il avait écouté les supplications qui montaient vers lui, en ce moment même, de la cathédrale de Saint-Brieuc et du sanctuaire de Notre-Dame des Victoires, à Paris : la France était, encore une fois, sauvée.

Mais Marie voulut aussi rappeler à tous ses enfants une vérité d'une portée plus universelle. *Mon Fils se laisse toucher.* Un trait d'or soulignait ces mots pour les mettre plus en évidence. Mon Fils s'est laissé toucher dans le passé : il se laissera toucher dans l'avenir : Il se laisse toucher, c'est son habitude, sa fonction de Rédempteur. N'est-Il pas toujours sur l'autel à l'état de victime ? Il est heureux, quand les chrétiens fervents lui procurent des raisons de suspendre les effets de sa justice et d'apaiser le courroux de son Père.

Avant de refermer le livre céleste, où elle avait laissé lire quelques mots. Marie, comme nous allons le voir, voulut manifester sa joie et sa reconnaissance.

VIII

Cinquième phase de l'Apparition.

Quelques auteurs un peu ingénieux ont remarqué que, à ce moment, les trois couleurs du drapeau français se voyaient dans l'apparition. Le rouge était figuré par la petite croix tracée sur la poitrine de Marie; le blanc était la couleur de la banderole, et la robe étoilée était de couleur bleue. Marie voulait comme arborer les couleurs de la France.

Les chants avaient cessé; la foule priait en silence; seules, de temps à autre, les voix des enfants répétaient, en la relisant l'inscription miraculeuse.

« Chantez encore un cantique à la Sainte Vierge, » s'écria le bon curé de Pontmain.

La Sœur Marie-Edouard entonna un chant entendu souvent en Bretagne et à Pontmain pendant la guerre. Nous donnons ce cantique en entier pour deux raisons. D'abord, parce qu'il fut chanté, ce soir-là, entièrement devant la Sainte Vierge; ensuite, parce qu'il commence par les mots : *Mère de l'Espérance.* Or, l'Eglise a précisément encouragé la dévotion à la Vierge de Pontmain, sous le vocable de N.-D. d'Espérance.

REFRAIN

Mère de l'Espérance,
Dont le nom est si doux,
Protégez notre France,
Priez, Priez pour nous !

COUPLETS

1. Souvenez-vous, Marie,
Qu'un de nos souverains
Remit notre patrie
En vos augustes mains.

2. La crainte et la tristesse
Ont gagné tous les cœurs;
Rendez-nous l'allégresse,
La paix et le bonheur.

3. Vous calmez les orages,
Vous commandez aux flots;
Vous guidez aux rivages
Les pauvres matelots.

4. En ces jours de souffrance,
Sauvez-nous du danger :
Epargnez à la France
Le joug de l'étranger.

5. Des mères en alarmes
Raffermissez les cœurs :
Venez sécher les larmes,
O mère des douleurs !

6. Au chemin de la gloire
Conduisez nos soldats;
Donnez-leur la victoire
En ces jours de combats.

Aussitôt que le chant de ce cantique se fut fait entendre, « la Sainte Vierge, dit Joseph Barbedette, qui jusqu'alors avait tenu les mains abaissées vers nous, les éleva à la hauteur des épaules.

» Les coudes étaient légèrement appuyés sur les côtés, les mains étaient un peu inclinées en arrière, la paume tournée vers nous. Le bras gauche, ainsi relevé, ne cachait pas la petite croix rouge qui se trouvait sur le cœur. En même temps, la Sainte Vierge souriait en nous regardant, du plus beau sourire que nous ayons pu contempler pendant toute l'Apparition.

« Aussi, nous ne pouvions nous empêcher de battre les mains en criant : « Voilà qu'elle rit ! Voilà qu'elle rit ! Oh ! qu'elle est belle ! Oh ! qu'elle belle !

» Tout en souriant ainsi, elle semblait accompagner le chant.

» Elle remuait ses doigts, à peu près comme une personne qui touche un piano lentement et délicatement.

» Notre joie gagnait les assistants : ils riaient avec nous et pleuraient d'émotion. »

Au moment où on arrivait au dernier couplet, un rouleau, couleur du *temps*, sembla passer de droite à gauche pour effacer toute l'inscription et la banderole elle-même. Marie sauvait notre pays; elle annonçait la fin de nos malheurs; mais elle savait aussi que la France ne sortirait pas victorieuse de cette guerre. Comme pour ne pas exposer les habitants de Pontmain à une déception, l'inscription fut effacée avant que l'on commençât le couplet qui demandait la victoire.

Cette cinquième phase de l'Apparition dura un temps relativement court. Elle est néanmoins fort belle, fort consolante et pleine d'enseignements.

Ce fut à ce moment que Marie sembla le plus heureuse. « Rien ne saurait rendre, dit Joseph Barbedette, l'expression du visage de la Sainte Vierge pendant tout ce cantique. »

« Qu'elle est belle ! qu'elle est belle ! » criaient les enfants en sautant de joie — « On voit ses dents », dit naïvement la petite Jeanne Le Bossé. — « On aurait voulu sauter (jusqu'à elle) », dirent les petites filles. Le bon et calme Eugène Barbedette dit lui-même : « Oh ! si j'avais eu des ailes ».

Qu'on nous permette ici une remarque qui a son importance.

Plusieurs auteurs, parmi ceux qui ont voulu plutôt commenter que raconter l'apparition, ont dit que la Sainte Vierge conformait sa physionomie et ses attitudes au sens des paroles que l'on chantait devant elle. Si cette idée est plus ou moins vraisemblable pour la sixième phase, elle est arbitraire et mal fondée pour toutes les autres. Comme les prières et les chants s'adressaient à la Sainte Vierge, et qu'on eut le temps de beaucoup prier et de beaucoup chanter, il est évident qu'on peut voir, avec de la bonne volonté, certains rapports plus ou moins naturels et logiques entre quelques paroles prononcées et les attitudes de Marie. Mais, tout d'abord, on peut faire observer que rien ne fut chanté pendant les premières phases. De plus, dans la cinquième et la septième, on ne voit rien qui puisse appuyer l'idée des commentateurs. D'ailleurs, ne serait-ce pas encore là rabaisser et diminuer l'apparition que d'en faire évoluer les péripéties au hasard des chants pieux, dont le bon curé et la Sœur Marie-Edouard prenaient l'initiative ?

Si on veut découvrir, malgré tout, certaines coïncidences, nous aimons mieux croire que la Sainte Vierge ait suggéré quelques chants plutôt qu'elle se soit elle-même inspirée des paroles prononcées pour y conformer sa physionomie et ses attitudes.

Marie est heureuse de la joie de ses enfants : elle remercie Dieu : elle semble prendre part aux chants de ceux qu'elle vient de sauver. La mère du Sauveur redit encore une fois son *Magnificat.*

Près de deux mille ans se sont écoulés depuis qu'elle chanta pour la première fois le *Magnificat* dans la petite bourgade d'Aïn Karim. Que de fois, dans la suite des siècles, les hommes l'ont répété après elle ! Ce jour-là, en France, les prêtres, les religieux et les religieuses l'avaient dit plus de cinquante mille fois.

Les mains de Marie sont levées. Elle exalte la bonté et la miséricorde divine. Les prêtres à la messe ont la même attitude. En fait, ils n'ont plus les bras en croix comme aux temps de la primitive Eglise; leurs mains s'élèvent pourtant, afin de montrer qu'ils offrent le plus grand sacrifice de remerciement, de louange et d'adoration.

La Sainte Vierge, avec ses bras levés à la hauteur des épaules, ses mains ouvertes, leur intérieur étant tourné vers les enfants, rappelait les anciennes *orantes* dans leur pose hiératique.

Marie manifesta le bonheur qu'elle éprouvait de remercier Dieu.

Les hommes ne remercient jamais assez, lorsqu'ils ont reçu des bienfaits célestes. Leur *Magnificat* est vite terminé. Mais l'Eglise heureusement prend la place des hommes et elle remercie en leur nom. C'est pourquoi, dans ses cérémonies, elle joint aux prières tant d'actions de grâces.

Habituée aux concerts célestes, Marie se plaisait à entendre les chants des fidèles de Pontmain. Les mots dits simplement à Dieu sont comme de la prière qui marche; mais les paroles chantées sont de la prière qui vole. Aussi, les hommes ont toujours chanté dans les cérémonies saintes : dès les temps les plus anciens, les instruments de musique mêlaient leurs sons aux voix humaines. Portés sur les ailes du rythme et de la mélodie, les sentiments pieux s'élancent plus rapidement vers Dieu. L'auteur de toute beauté et de toute harmonie aime à entendre nos chants d'Eglise. La prière ordinaire récitée par le chrétien est comme un messager simplement vêtu : la prière, dans nos chants liturgiques, c'est l'ambassadeur officiel portant des vêtements plus somptueux. Cette magnificence convient aux messages que l'Eglise, qui est une reine, envoie à Dieu qui est le Roi des rois.

Les prières chantées à Pontmain, auxquelles Marie joignait sa voix, allaient grossir les concerts des chérubins et des séraphins dans les cieux. Qui sait si, dès maintenant, nos humbles chants terrestres ne contribuent pas à embellir les fêtes du paradis ? Quand il chante des hymnes pieux, l'homme s'exerce ici-bas au rôle qu'il remplira dans l'éternité : il fait l'apprentissage de sa vie céleste.

Marie souriait : elle semblait prendre part aux chants en remuant doucement les doigts. Elle écoutait nos mélodies misérables : mais elle y prenait plaisir, comme une mère aux premiers bégaiements de son enfant. Peut-être redisait-elle un nouveau *Magnificat* en l'honneur de la France: car elle venait encore une fois de sauver son royaume de prédilection. *Regnum Galliæ, regnum Mariæ.*

IX

La sixième phase ou la Vision douloureuse.

Voici la phase tragique, la scène qui effraie, celle dont on semble surtout avoir gardé le souvenir. Pourtant tous les autres actes du drame de Pontmain s'étaient plutôt déroulés comme des visions heureuses : elles inclinaient les cœurs vers l'espérance et vers une douce joie... Tout va changer.

L'apparition avait déjà duré plusieurs heures. La Sainte Vierge avait écrit son message : il avait été lu, retenu et effacé, par la main des anges sans doute. Des actions de grâces avaient été rendues au Christ rédempteur de l'humanité et qui, dans le cas présent, avait encore pitié de la France, malgré ses fautes. Le bon curé de Pontmain, cédant peut-être à une inspiration divine, fit chanter le cantique touchant, répété si souvent en France aux époques des retraites saintes et au temps de la Passion.

Mon doux Jésus, enfin voici le temps
De pardonner à nos cœurs pénitents.
Nous n'offenserons jamais plus
Votre bonté suprême, ô doux Jésus !

Parce Domine; parce populo tuo; ne in æternum irascaris nobis. « Pardonnez, Seigneur, pardonnez à votre peuple, et ne demeurez pas éternellement irrité contre nous. »

Enfin, mon Dieu, nous sommes à genoux,
Pour vous prier de pardonner à tous;
Pardonnez-nous, ô Dieu clément,
Lavez-nous de nos crimes, dans votre sang.

Parce, Domine; parce populo tuo...

Dans ce cantique, les règles de la versification sont un peu sacrifiées au sens : mais le chant et les paroles sont si bien l'expression du vrai repentir !

— « Voilà qu'elle retombe dans la tristesse ! » Ce fut l'exclamation unanime des voyants et des voyantes. En effet, un crucifix rouge, haut de de cinquante à soixante centimètres apparut à environ un pied devant la Sainte Vierge. Celle-ci, dont les mains étaient alors levées à la hauteur de ses épaules, les abaissa pour saisir le pied de la croix. Le crucifié était d'un rouge plus sombre que la croix elle-même. Son sang ne coulait pas : sa tête était légèrement inclinée à gauche, mais n'était penchée ni en avant, ni en arrière. Pourtant la Sainte Vierge paraissait montrer le Christ aux enfants, en inclinant doucement vers eux le haut de la croix. Les yeux du Christ n'étaient pas visibles. Tout en lui semblait mort. Pourtant Eugène crut remarquer qu'à certains moments, la poitrine se soulevait un peu comme celle d'un homme qui expire.

Au-dessus de la tête du crucifié, à l'extrémité du bâton de la croix, était une seconde traverse un peu plus courte que celle à laquelle les bras étaient cloués. Ce second croisillon, large de sept à huit centimètres était blanc et portait en lettres d'un rouge très vif l'inscription en majuscules :

JÉSUS-CHRIST

« La Sainte Vierge, dit Joseph Barbedette, tenait le bâton de la croix un peu au-dessous des pieds du Christ. Elle le tenait des deux mains doucement fermées et effleurant la robe à la hauteur de la ceinture, la main gauche au-dessus de la main droite.

» L'extrémité inférieure de la croix paraissait à peine.

» Dès le commencement du cantique, une des étoiles que nous avions vues se ranger au dessous des pieds de la Sainte Vierge se remit en mouvement, et, entrant dans l'ovale, vint allumer la bougie qui se trouvait à la hauteur du genou gauche; puis celle qui se trouvait près de l'épaule gauche passa au-dessus de la tête de la Sainte Vierge, tout en restant à l'intérieur de l'ovale, alluma la bougie qui se trouvait à la hauteur du genou droit, celle de l'épaule droite; enfin, passant au-dessus de la tête de la Sainte Vierge, sortit de l'ovale, et s'arrêta au-dessous de l'étoile du triangle dont nous avons parlé.

» Pendant tout ce cantique, la Sainte Vierge

eut les yeux constamment baissés; elle regardait le Christ qu'elle nous présentait, ses lèvres remuaient, elle paraissait s'unir aux chants de pardon des assistants. L'expression de tristesse répandue sur son visage ne saurait être rendue; les larmes ne coulaient pas, mais la tristesse dépassait tout ce qu'on peut imaginer. J'ai vu ma mère abîmée dans la douleur lorsque, quelques mois plus tard, mon père fut frappé par la mort. On sait ce qu'un tel spectacle dit au cœur d'un enfant, et pourtant, je m'en souviens, la tristesse de ma mère ne me parut rien en comparaison de la tristesse de la Très Sainte Vierge qui me revenait naturellement à l'esprit. C'était bien la Mère de Jésus au pied de la croix de son Fils. »

Avant d'entrer dans l'étude et la contemplation du grand drame qu'offre à nos yeux cette sixième phase de l'Apparition, signalons-en quelques particularités.

Les quatre cierges furent allumés. D'ordinaire, les flambeaux qui se consument indiquent la présence de Notre-Seigneur Jésus-Christ sur nos autels. Une petite lampe brûle, jour et nuit, dans les églises, dont le tabernacle renferme des hosties consacrées. Pendant les cérémonies de la messe solennelle, les enfants de chœur tiennent aussi des flambeaux allumés depuis l'Elévation jusqu'à la Communion, pour honorer la présence réelle du Sauveur. On comprend qu'à Pontmain les bougies n'aient été allumées qu'au moment où apparut sur la croix, le corps de N.-S. J.-C.

Ce fut une étoile qui alluma les cierges. Elle se détacha du groupe d'astres qui formaient le trône de Marie, pénétra dans l'ovale mystérieux et enflamma ces cierges, comme un céleste enfant de chœur. Après avoir accompli sa fonction, elle alla se placer sous l'étoile d'en haut, c'est-à-dire tout près du Père céleste, si on admet que les trois étoiles du triangle représentaient la Très-Sainte-Trinité. Il serait alors permis de supposer que l'astre en question n'était autre que l'archange saint Michel, l'inspirateur de Jeanne-d'Arc, celui qui semble plus particulièrement associé aux destinées de la France.

Au-dessous de la croix, des lettres d'un rouge vif, sur fond blanc, formaient un nom : *Jésus-Christ.* Ce n'était pas l'inscription placée par Pilate sur la croix du Calvaire. Nous n'avions pas à apprendre que Jésus est roi des Juifs : *Jesus Nazarenus rex Judæorum.* Mais, hélas ! notre monde, actuellement surtout, doit de nouveau apprendre à connaître Jésus-Christ.

Dans le ciel étoilé, Marie présente son Fils sanglant attaché à la croix. Quel tableau ! La mère du Christ veut reproduire elle-même, pour notre enseignement, le grand drame du Calvaire.

La foule avait chanté : *Parce, Domine, parce populo tuo.* « Seigneur, épargne ton peuple, afin qu'il ne soit pas rejeté éternellement. » *Ne in æternum irascaris nobis.* Marie répond : Comment mon Fils, qui a tant souffert pour vous, serait-il insensible à vos prières ? Comment ne se laisserait-il pas toucher ? Lui-même est le prêtre et la victime du Sacrifice qui perpétue à jamais la grande réconciliation dans l'infinie miséricorde

Mais l'infaillible moyen pour l'humanité d'attirer sur elle tous les pardons, c'est d'expier ses crimes, en unissant sa pénitence à la passion de son Rédempteur ? *Non est in alio aliquo salus.* Le salut n'est dans aucun autre « Tout le reste vous égarera; par la croix seule, vous serez sauvés. » *Nec aliud nomen sub cœlo datum hominibus, in quo oporteat nos salvos fieri* (Act. Ap., IV, 12.)

Jésus-Christ ! Voilà le nom qui dit tout; en qui est contenue toute science, comme toute sainteté. Jésus-Christ, centre de toute chose : Jésus-Christ, nom qui console et qui effraie ! Jésus-Christ, dont on ne veut plus : dont la croix sera bientôt enlevée des écoles publiques. Jésus-Christ, qui pourtant doit régner au ciel, sur la terre et dans les enfers. Le monde n'est pas libre de le reconnaître ou de le rejeter : car, en même temps qu'il est l'Amour, il est la Justice éternelle. Malheur à ceux pour qui il est une pierre de scandale !...

Hélas ! nous pouvons croire aussi que les cierges avaient été allumés à Pontmain comme pour éclairer les secrets de l'avenir. La génération, qui avait vu la guerre de 1870-1871, n'aurait pas encore complètement disparu que des fléaux plus terribles devaient désoler la France et même tout l'univers chrétien. De 1914 à 1918, l'humanité coupable a souffert une douloureuse passion. Les chrétiens, qui forment le corps mystique du Sauveur, ont été sur la croix. Plus de dix millions d'entre eux ont succombé dans cette immolation universelle. Que de souffrances sur les champs de bataille, dans les hôpitaux, dans les camps d'exil et aux foyers domestiques ! Et, après cette guerre, que de ruines et que de deuils !... *Religio depopulata !* Depuis des siècles, on savait que ce mot terrible serait comme la devise du pape Benoît XV. *Religio depopulata !* La chrétienté dépeuplée : quelle coïncidence !

Marie prend le crucifix et le soutient avec ses deux mains — Pendant la guerre, elle prendra part à nos épreuves, soutenant son lourd fardeau avec plus d'amour et plus de force que Simon le Cyrénéen. Elle a toujours gardé une invincible espérance dans le cœur de ceux qui l'invoquaient. Marie n'est pas apparue visiblement en France pendant les années qui s'écoulèrent de 1914 à 1918 : sans doute, parce qu'elle avait déjà annoncé à Pontmain qu'elle serait avec nous.

X

Septième et dernière phase de l'Apparition.

Voici comment Joseph Barbedette raconte cette dernière phase de la vision.

« Bien des larmes avaient coulé pendant le chant du cantique : *Mon doux Jésus*. Nous-mêmes, jusque-là si joyeux, nous avions participé à l'émotion commune, et, sans perdre le bonheur que nous procurait la Vision, nous nous sentions le cœur serré. Lorsque le dernier couplet du cantique se fut élevé dans les airs, M. le Curé fit chanter l'hymne *Ave maris stella.*

» Aussitôt le crucifix rouge disparut; les mains de la Sainte Vierge s'abaissèrent et reprirent la position qu'elles avaient au commencement, c'est-à-dire comme dans la Médaille miraculeuse.

» Les quatre bougies restèrent allumées jusqu'à la fin de l'apparition.

» En même temps, deux petites croix blanches de douze à quinze centimètres de hauteur et sans Christ parurent plantées sur chaque épaule de la Sainte Vierge, dont la tête était ainsi en quelque sorte encadrée entre deux croix.

» Durant ce chant, la Sainte Vierge reporta sur nous ses regards et reprit son sourire, mais il y avait encore dans ce sourire comme un souvenir de sa tristesse, quelque chose de plus grave que précédemment. »

Cette phase, aussi extraordinaire que chacune des autres, dura assez peu de temps. Elle est rarement représentée dans la peinture ou dans la statuaire : pourtant elle eut sa physionomie bien accusée.

A ce moment, la Sainte Vierge changea d'aspect. De triste qu'elle était, elle apparut souriante. Le crucifix sanglant qu'elle tenait devant sa poitrine ayant disparu, Marie abaissa ses deux mains vers la terre, comme au début de l'apparition. De petites croix blanches se dessinèrent sur ses épaules. « Elles étaient piquées sûbout sur ses épaules », dirent les enfants. Etait-ce là un simple renseignement donné à tout chrétien ? Marie voulait-elle dire uniquement que la souffrance est la condition ordinaire de l'humanité : mais que toute douleur, unie aux siennes, est plus facilement supportée ?

Nous préférons croire que cette phase, comme la précédente, se rapporte à l'avenir. Les cierges restèrent allumés et pourtant le Christ n'était plus visible : ce qui donnerait à penser que leur lumière brilla moins pour honorer la présence de Jésus que pour marquer comme une différence de vision entre des faits déjà accomplis et des événements prophétisés. Nul ne sait ici-bas quels seront ces événements futurs, ni quand ils arriveront. On peut à peine risquer quelques conjectures. Tout nous porte à croire néanmoins qu'il s'agit d'événements heureux. Les petites croix étaient blanches : bien plus, le sourire était revenu sur les lèvres de la Sainte Vierge.

« V'là où é rit ! V'là où é rit ! — (Voilà qu'elle rit ! Voilà qu'elle rit !) », s'étaient encore une fois écriés les petits voyants. C'était peut-être l'annonce d'événements dont nous ne pouvons actuellement avoir la moindre idée.

Qu'on nous permette pourtant de suggérer l'explication suivante. Ces deux petites croix réunies sur les épaules de Marie, Mère de l'Eglise, pouvaient symboliser la future union de l'église romaine et des églises dissidentes préalablement fondues en une seule. L'église russe s'est effondrée : les églises anglicane et grecque, depuis les derniers événements d'Orient, semblent moins éloignées l'une de l'autre. Les églises copte, abyssine, arménienne se laisseraient peut-être absorber dans les autres églises orientales. Enfin, l'union entre elles de toutes les églises séparées rendrait plus facile la réunion de ces multiples bergeries sous la houlette du pasteur qui demeure toujours ici-bas le vrai et le seul successeur de Saint-Pierre. Ce jour-là serait pour la terre un jour vraiment heureux, et Marie, qui aurait préparé et obtenu cette grande réconciliation chanterait avec les anges et les élus le *Magnificat* d'une joie sans bornes.

Il est évident que nous ne présentons ces idées que comme de simples suggestions, sans avoir aucunement la prétention de les imposer à personne.

Depuis plus de trois heures, l'apparition était

restée visible dans le ciel de Pontmain. On avait chanté à peu près toutes les prières que chacun savait par cœur (1). Après l'*Ave maris stella*, M. le Curé dit à ses paroissiens : « Mes amis, nous allons faire ensemble la prière du soir; puis, si la vision continue, nous continuerons de prier. »

Sœur Marie-Edouard commença donc la grande prière en usage dans le diocèse. Vers la fin de l'examen de conscience, au-dessous des pieds de la Sainte Vierge, en dehors du cercle bleu, nous vîmes, dit Joseph Barbedette, apparaître une sorte de voile ou drap blanc, qui, partant de là, montait peu à peu comme en se déroulant en avant de la Sainte Vierge. Elle avait alors retrouvé complètement son joyeux sourire. Ce voile, arrivé à la hauteur de la ceinture, s'arrêta quelques instants; on ne voyait que le buste de Marie.

« Le voile reprit sa marche pour s'arrêter de nouveau à la hauteur du cou. Nous n'apercevions plus que la tête souriante de Marie. Après un arrêt un peu plus long que le précédent, le voile continua à monter, cacha successivement les différentes parties du visage qui nous prodiguait ses derniers sourires et ses derniers regards de tendresse, s'arrêta encore au bas de la couronne pendant un instant. Enfin tout disparut subitement au moment où s'achevait la prière du soir.

(1) On ne pensa pas à aller chercher des livres. D'ailleurs M. le Curé et la sœur Marie-Edouard savaient par cœur beaucoup de chants sacrés et de cantiques.

» Voyez-vous encore ? nous demanda M. le Curé.

— Non, répondîmes-nous, c'est tout fini ».

« Il était près de neuf heures. Peu à peu la foule se retira; mon frère et moi, nous nous couchâmes dans la grange comme les autres jours et, pour ma part, je dormis aussi bien que si rien n'était arrivé. »

Cette dernière remarque de Joseph Barbedette prouve que ce petit voyant, pas plus que les autres d'ailleurs, n'avait un tempérament impressionnable et nerveux.

Qu'on nous permette à ce sujet une observation assez importante. En présence d'un fait extraordinaire, les enfants sont souvent moins impressionnés que les grandes personnes. En effet, ils sont moins que nous habitués à ce qu'on peut appeler l'ordre naturel des choses. Comme ils font leur entrée dans la vie, tout leur semble nouveau et inexplicable. Nécessairement, ils voient moins que nous la ligne de démarcation entre le fait naturel et le miracle. Aussi, la vue d'un véritable prodige doit moins facilement les mettre hors d'eux-mêmes que les personnes plus âgées. Il faut se rappeler aussi que les enfants des campagnes sont en général d'un naturel plus calme que ceux des villes.

Je m'entretenais un jour avec M. le Curé actuel de Pontmain, et je lui faisais part de cette réflexion. « — C'est si vrai, me dit-il, que si un tel, mon choriste, avait maintenant une vision et si personne ne l'interrogeait, je suis persuadé qu'il n'en parlerait même pas. » Il faut avouer que de tels enfants auraient offert une matière peu favorable aux expériences des spirites, des hypnotiseurs et autres exploiteurs des bizarreries nerveuses.

Le grand prodige venait donc de s'accomplir. La terre avait repris son aspect habituel; le sommeil et le silence régnèrent bientôt dans la petite bourgade de Pontmain, comme dans tout le pays voisin. Marie avait accompli son message, et elle y avait joint la plus merveilleuse instruction que notre monde pouvait recevoir du ciel. Elle s'était montrée : elle avait parlé à la France d'abord, mais elle n'avait pas oublié le reste de l'univers chrétien.

Pour ne voir en Marie que notre Mère miséricordieuse, nous semblons ignorer parfois qu'elle est aussi une créature plus savante et plus intelligente que toutes les autres. Mieux que tous les docteurs, elle peut instruire l'humanité. C'est elle qui, après l'Ascension, a continué, à la place de Jésus, l'instruction des apôtres. Si saint Jean a été le docteur le plus versé dans la science des mystères divins, c'est parce qu'il vécut plus longtemps que les autres dans l'intimité de la Vierge Marie. « Il avait eu longtemps près de lui, dit saint Ambroise, le trésor des secrets célestes. » Il s'était entretenu avec la Mère admirable sur ce qu'il y avait de plus élevé dans les enseignements du Fils, qui était à la fois la seconde personne de la Sainte Trinité, le Fils de Marie et le Sauveur du monde. Les disciples et les autres apôtres retenaient les paroles du Verbe incarné en se les répétant fréquemment, en se les récitant à eux-mêmes; Jean n'avait qu'à écouter la reine des anges, la reine des savants et des docteurs, elle qui avait assisté au développement progressif de la nature humaine de Jésus.

Si elle est restée pendant plus de trois heures à Pontmain, c'était pour mieux instruire le monde entier. Les théologiens et l'Eglise elle-même puiseront sans doute des lumières nouvelles, en méditant sur les phénomènes merveilleux que le ciel a montrés à la terre dans la soirée du 17 janvier 1871. Loin de s'effacer dans le souvenir des hommes, cet événement prendra avec le temps comme une vie nouvelle. Les choses de la terre passent : ce que Marie a écrit sur le grand livre des cieux demeurera toujours pour la consolation et l'espoir des Français, comme pour l'instruction de tous les enfants de Marie, c'est-à-dire de tous les chrétiens.

XI

Le Prodige de Pontmain dans l'histoire de France et dans l'histoire de l'Église.

Le 12 janvier, la désastreuse bataille du Mans ouvrait aux Allemands les routes du Maine et de la Bretagne.

Le 17, après quelques légers combats, leurs avant-gardes paraissaient aux environs de Laval. On pouvait craindre que cette ville riche et peu défendue ne fût rapidement occupée par eux. Pourtant cette journée du 17 fut celle où l'on marqua le point le plus extrême atteint vers l'ouest par la marée montante de l'invasion. Après quelques escarmouches insignifiantes en vue de Laval, les troupes allemandes du général Schmidt se retirèrent sur la Sarthe, pour attendre l'armistice du 28 janvier. Historiquement parlant, on peut donc affirmer que la fin de la guerre suivit de près la vision du 17, et que cette promesse : *Dieu vous exaucera en peu de temps*, fut rigoureusement réalisée.

Mais l'inscription contenait une autre idée : elle indiquait que la désastreuse guerre de 1870 était pour la France une sorte de punition pour ses fautes passées. Cela semble en effet ressortir de ses mots : *Mon Fils se laisse toucher.* Jésus se laissait toucher : il était donc auparavant irrité contre la France. Cette conclusion s'impose. Or, peut-on démontrer que nos malheurs de 1870 ont un caractère tel qu'il soit difficile de les expliquer en dehors d'une influence supérieure aux causes naturelles ? Contentons-nous de mettre sous les yeux de nos lecteurs un seul document à ce sujet. Il émane d'un homme très compétent, puisqu'il fut mêlé de près aux événements de 1870; de plus, cet homme ne peut être classé parmi les catholiques, ni même parmi les fidèles d'aucune religion. Voici ce qu'a écrit M. Charles de Freycinet, ministre de la guerre à cette triste époque.

« On peut dire que si la France était poussée à la défaite par la faiblesse de son organisation, elle a en outre épuisé toute la série des chances contraires.

« Ainsi quoi de plus fatal pour elle que le rôle qu'ont joué les saisons ? Les circonstances météorologiques ont constamment lutté contre nous. Il semblait que la nature eût fait un pacte avec nos ennemis. Chaque fois qu'ils se mettaient en marche, ils étaient favorisés par un temps admirable, tandis que tous nos mouvements étaient contrariés par la pluie et le froid. La rigueur de l'hiver a été certainement pour moitié dans l'insuccès de la Campagne de l'Est. Le froid a contribué beaucoup à la défaite d'Orléans, et même à celle du Mans : c'est la pluie qui a retardé une première fois la marche de l'armée de la Loire ou qui, du moins, a permis de justifier son inaction.

Nos ennemis, au contraire, ont toujours été secondés dans leurs mouvements. Qui ne se rappelle le temps exceptionnel qui a régné pendant tout le mois de septembre et la première quinzaine d'octobre, alors que l'armée prussienne marchait sur Paris et installait les travaux de siège ? Qui ne se rappelle également la température printanière qui a régné dès la fin de janvier, aussitôt après que l'armistice a clos les hostilités. Autant l'hiver avait été rude pour les mouvements de notre armée de l'Est, autant il a été propice pour le retour des Prussiens en Allemagne...

« Oui, un ensemble de coïncidences malheureuses s'est joint à la faiblesse organique de la France pour déjouer tous ses efforts. Et cet ensemble a été tel que véritablement, quand on l'envisage, on est tenté de se demander s'il n'y a pas eu là quelque raison supérieure aux causes physiques, une sorte d'expiation de fautes nationales ou le dur aiguillon pour un mouvement nécessaire.

« En présence de si prodigieuses infortunes, on ne s'étonne plus que les âmes religieuses aient pu dire : « *Digitus Dei est hic !* Le doigt de Dieu est là ! » (Ch. DE FREYCINET, *La guerre en province*.)

Il serait facile de multiplier les faits et les citations, nous préférons nous en abstenir.

Oui, la France était coupable : mais les catholiques fervents avaient fait entendre leurs voix suppliantes. Le jour même, au moment même de l'apparition, de cinq heures et demie à neuf heures du soir, à Saint-Brieuc, dans le sanctuaire de Notre-Dame d'Espérance, avait lieu une cérémonie de supplications publiques, présidée par l'évêque, Monseigneur David. Ce pontife accordait officiellement son approbation et donnait le plus de solennité possible au vœu proposé par les membres de l'Archiconfrérie de N.-D. d'Espérance pour la protection de la ville, de la province et de la patrie contre les fléaux de l'invasion.

Egalement, le même jour, et à la même heure, dans l'église de Notre-Dame des Victoires, à Paris, se déroulait une cérémonie émouvante et pieuse entre toutes. Le prédicateur, M. l'abbé Amodru, s'écria tout-à-coup comme inspiré : « Nous offrirons à la Sainte Vierge un cœur d'argent qui apprendra aux générations futures qu'aujourd'hui, entre huit et neuf heures du soir, tout un peuple s'est prosterné aux pieds de Notre-Dame des Victoires, et a été sauvé par elle. »

Ce soir-là même, un pieux auditeur de ce sermon écrivait à l'abbé Amodru :

... « Avant huit jours, la paix sera signée... L'heure fixée par la Providence pour le salut de notre pays a sonné ce soir : quelque chose me le dit. Les annales de l'Archiconfrérie s'illustreront de cette date à jamais mémorable, 17 janvier 1871. »

« MARTEL, contrôleur des finances. »

Les nations comme les personnes ont une mission à remplir; mais il y a une différence entre les individus et les peuples : en effet, chaque âme ne fait sur la terre que commencer le cycle de son existence, tandis que les nations l'achèvent tout entier. Aussi, elles sont dès ici-bas punies ou récompensées suivant leurs œuvres. Il n'y a pour elles ni ciel, ni enfer.

Malgré le génie d'un Bossuet qui a essayé de soulever le voile de l'histoire, un grand mystère enveloppe toujours les causes qui ont présidé à la naissance, à l'évolution et à la disparition de chaque peuple. Pourtant, on peut affirmer que chacun d'eux a tenu une place dans les desseins de Dieu qui lui a assigné sa mission particulière. La France a la sienne; certaines pages de son histoire tendraient à prouver qu'elle est récompensée ou punie, selon qu'elle est, ou non, fidèle à Dieu. La Sainte Vierge aime la France d'une affection toute spéciale : c'est ce qui explique en grande partie les apparitions de La Salette, de Lourdes et de Pontmain.

La façon dont Mélanie, la voyante de La Salette, a usé et abusé de son secret, a été rigoureusement condamnée par la cour de Rome. Dans un décret en date du 21 décembre 1915, la Congrégation de l'Index a interdit de faire usage de ce secret, vrai ou faux : les partis politiques l'avaient en effet défiguré, en l'interprétant chacun suivant ses vues particulières. Mais, si les secrets de Mélanie et de Maximin ont été jugés sévèrement, la réalité même de l'apparition de La Salette n'a pas été mise en doute.

Quant aux événements de Lourdes, l'Eglise en a reconnu souvent le caractère surnaturel.

Pour plusieurs raisons, Pontmain est resté jusqu'à nos jours dans une obscurité relative. Tout d'abord, les esprits sont restés comme effrayés par l'étrangeté de ce phénomène céleste. Comme il semblait difficilement explicable, chacun l'a interprété à son petit point de vue personnel. Pour le commenter, certains auteurs se sont même appuyés sur les prétendues révélations ou secrets de La Salette...

A notre humble avis, l'événement de Pontmain se suffit à lui-même; il concorde avec toutes les autres apparitions; mais il a sa raison d'être et son entité particulière. C'est le message heureux qui nous apprend que la France est sauvée mais c'est aussi un sublime panorama de toute la théologie mariale qui, pour notre instruction, s'est déroulé au firmament pendant plus de trois heures. Nous venons de voir que cette Apparition s'adapte merveilleusement à l'histoire de la France pour mieux l'éclairer; elle tient également une place dans l'histoire de l'Eglise, qui garde sur terre le dépôt sacré des grâces et des vérités qui viennent du ciel.

Une fois admis comme certain et indéniable — et il est impossible qu'il ne le soit pas — ce prodige impose à la croyance de toutes les personnes de bonne foi la plupart des grandes vérités surnaturelles. Tout d'abord, il donne à l'Eglise catholique une supériorité incontestable sur toutes les autres religions chrétiennes. Il la sacre, une fois de plus, comme la première de toutes, comme la seule vraie. C'est à des enfants catholiques que la Vierge apparaît, à des enfants qui pratiquaient avec ferveur les exercices de formation religieuse de la religion catholique.

De plus, cet événement consacre tout l'enseignement de l'église romaine, concernant la Sainte Vierge et toute la Rédemption.

Le prodige de Pontmain ne prouve-t-il pas en effet le grand rôle qu'a rempli la Mère de Dieu dans l'ensemble de l'œuvre rédemptrice, rôle que le Protestantisme surtout tend à diminuer. Cette apparition, comme les plus hautes visions apocalyptiques, rappelle les vérités de la plus sublime théologie. Ce Christ vu à Pontmain dans un état d'immolation ne cessera en effet sa Rédemption qu'à la fin des temps. Ravi en esprit dans la Jérusalem céleste, l'apôtre Saint Jean vit, au milieu
» du trône de Dieu, un agneau comme égorgé,
» et, autour de lui, les sept esprits que Dieu
» envoie par toute la terre, et vingt-quatre vieil-
» lards se prosternèrent devant l'Agneau, tenant
» dans leurs mains des harpes et des coupes
» pleines de parfums, qui sont les prières des
» saints, et ils chantaient un cantique nouveau
» à la louange de Celui qui a été mis à mort et
» qui nous a rachetés… et des myriades d'anges
» élevaient leurs voix et disaient : L'Agneau qui
» a été égorgé est digne de recevoir puissance,
» dignité, sagesse, force, honneur, gloire et béné-
» diction ! et toutes les créatures qui sont dans
» le ciel, sur la terre et dans la mer, et tout ce
» qui est dans ces lieux disaient : A Celui qui
» est assis sur le trône et à l'Agneau, bénédiction,

» honneur, gloire et puissance dans les siècles
» des siècles ! » (Apoc., ch. V).

La vision de Pontmain est aussi tout à fait conforme à la dogmatique de l'Eglise sur les anges. Bien plus, elle donne une sorte de consécration à toute la hiérarchie, comme à tout le culte liturgique de l'église romaine. En effet, là on pria, là on chanta longuement des cantiques et des hymnes liturgiques sous la direction du bon curé, représentant officiel de l'Eglise. Ce saint prêtre se fit surtout aider dans ce solennel moment par les religieuses d'une congrégation enseignante.

Quel spectacle !... Plus tard, les hommes, connaissant mieux les lois de la lumière, inventeront les merveilles du Cinéma. La Sainte Vierge a donné à la terre la plus sublime des représentations. Elle a pris comme écran le grand ciel étoilé, comme salle de réunion, l'immense nature enveloppée de ténèbres : les anges ont prêté avec empressement leur concours : la maîtresse de classe, qui a paru dans sa gloire, était la Sainte Vierge elle-même et, pour enseigner l'humanité tout entière, elle a choisi quelques enfants de dix à douze ans parlant le patois de leur pays.

Dans la leçon qu'elle donnait au monde, Marie a insisté sur les moyens que les hommes sont obligés de prendre pour se conformer aux desseins de Dieu sur eux : la Vierge de Pontmain prêche la prière, la pénitence, la douleur et le sacrifice. En quelques coups de pinceau très sobres, afin d'être mieux retenus par des esprits de dix à douze ans, la Reine des anges, des apôtres, des docteurs et de tous les artistes de l'univers, retrace son enseignement éternel, au moyen d'un tableau dont chaque détail contient peut-être plus de vérités dogmatiques, mystiques et morales que les meilleurs livres sortis de la main des hommes.

XII

Comment fut établie la réalité historique de l'Apparition.

Avant de parler des enquêtes qui furent faites après l'événement du 17 janvier, rappelons que de nombreux témoins affirmèrent avoir aperçu des hauteurs environnantes, une grande lueur qui persista très longtemps, le 17 janvier au soir, au-dessus du bourg de Pontmain. Ce souvenir s'est d'ailleurs conservé dans toute la contrée.

Dès le lendemain, mercredi, 18 janvier, M. l'abbé Guérin envoyait un mot à son homonyme, M. le Curé-doyen de Landivy, pour le prier de venir faire une enquête sur l'étonnant prodige qui s'était produit. Aussitôt, le jeudi, 19, le doyen arrivait, bien décidé à ne rien croire de ce qu'il regardait comme des hallucinations. Ce prêtre se tenait d'autant plus en garde que le curé de Pontmain passait, aux yeux de tous, pour un prêtre très pieux, un peu simple et enclin à la crédulité.

Pendant quatre heures, le curé de Landivy interrogea les enfants, prenant toujours à part chacun d'eux et notant leurs dépositions. Il essaya de les embrouiller, de les faire se contredire. S'étant procuré plusieurs nuances de bleu, il demanda en particulier à chaque voyant et voyante de lui désigner la couleur exacte de la robe de la Sainte Vierge. Le choix des quatre enfants tomba sur la même nuance représentée par une boule d'indigo dont on se sert pour les lessives. M. le Doyen alla plus loin. Insistant surtout sur les moindres détails et décidé à faire les voyants se contredire, il dit aux garçons en parlant des liens en or qui attachaient les chaussures de la Sainte Vierge : « Les petites filles ont dit que c'était une rosace, toute ronde, semblable aux cocardes qu'on donne comme prix des concours agricoles et dont on orne la tête des chevaux. » Mais chaque garçon répondit simplement : « Moi, j'ai vu des liens en or et un nœud bien arrangé. » Or, les petites filles n'avaient nullement parlé de rosace, ni de cocarde ; mais avaient dit seulement que c'était un nœud bien fait. — « Il était comme celui de mon bonnet, avait même ajouté une des voyantes. »

Le curé de Landivy, après un ou deux jours de réflexions, écrivit à l'évêque de Laval que le curé de Pontmain lui avait demandé de se rendre chez lui pour s'enquérir d'un fait extraordinaire. « Je m'y rendis, dit-il, avec beaucoup d'incrédulité, je l'avoue. Je croyais à une hallucination. Mon incrédulité ne dura pas. Après avoir vu les enfants et les avoir interrogés séparément, usant de bien des artifices pour les déconcerter, je reconnus en eux beaucoup de simplicité, de naïveté et de candeur; et j'acquis, après une minutieuse enquête, la pleine conviction de la vision que m'ont attestée les enfants. Cependant je ne me décidai point d'écrire dès vendredi pour informer Votre Grandeur. Ayant attendu, je me suis informé de nouveau, et j'ai appris de personnes bien dignes de foi, que les enfants souvent questionnés par de nombreux visiteurs ne varient jamais dans les déclarations qu'ils me firent jeudi, et persistent, sans jamais se contredire, à affirmer ce que j'ai recueilli de leur bouche... » Un récit sommaire, en quatre pages, de l'événement était annexé à la lettre du curé de Landivy.

Nous ne parlerons pas de cent autres enquêtes particulières et faites sur place, sans mandat, soit par des prêtres, soit par des laïcs curieux qui se rendaient exprès à Pontmain, voulant voir par eux-mêmes sur quoi reposait la rumeur publique toujours grandissante. Les enfants étaient harcelés, ennuyés, lassés par toutes sortes de questions plus ou moins bizarres. Pendant l'apparition, les Jean Guidecoq étaient devenus de plus en plus rares : ils s'étaient même bientôt transformés en croyants. Mais maintenant, à toute heure de la journée, les pauvres enfants avaient affaire à toutes sortes de nouveaux personnages, plus ou moins bien disposés, chacun des interrogateurs se donnant à soi-même la mission d'enquêteur et voulant s'assurer du fait à sa manière. On cite même le cas de cet officier qui tira son grand sabre et dit à un des voyants : « Si tu mens encore, je te tue. » Le pauvre enfant en resta longtemps tout ému.

La première enquête vraiment canonique ordonnée par l'évêque de Laval eut lieu le 27 et le 28 mars. Elle fut faite par le chanoine Vincent, vicaire général, par l'abbé Billion, archiprêtre d'Ernée, et par l'abbé Guérin, curé-doyen de Landivy. Une cérémonie eut d'abord lieu à l'église de Pontmain où l'on chanta le *Veni Creator* et un cantique, afin de mieux montrer aux futurs interrogés que leur déposition allait revêtir un caractère sacré. Les témoignages furent ensuite recueillis par les enquêteurs siégeant dans une chambre du presbytère.

Le premier jour, les interrogations durèrent depuis neuf heures du matin jusqu'à six heures et demie du soir. Il n'y eut qu'une courte interruption pour le dîner. Une cérémonie à l'église clôtura cette première journée.

Le lendemain, l'enquête se prolongea encore de neuf heures du matin à trois heures de l'après-midi. Avant d'être interrogé, chaque témoin avait prêté serment devant le crucifix. Qui oserait nier que cette manière de procéder ne donnât la plus sûre garantie de sincérité aux dépositions faites par des personnes foncièrement croyantes ? Le long compte rendu de cette enquête fut envoyé à l'évêché de Laval.

Glanons encore quelques faits dignes d'être inscrits dans l'histoire de Pontmain et qui arrivèrent au cours de cette année 1871.

Monseigneur Wicart donna la confirmation à Pontmain dans les premiers jours d'avril. Après avoir longuement et rigoureusement examiné chacun des voyants, le prélat les « rassembla dans la sacristie, devant le crucifix et le livre des Evangiles. L'évêque était revêtu des ornements et de ses emblèmes pontificaux. Il rappela aux quatre enfants qu'ils avaient reçu, le matin même le Sacrement de l'Esprit-Saint qu'un faux témoignage en pareille circonstance revêtirait une exceptionnelle gravité. Comme ministre de Dieu et pasteur de l'Eglise, il les sommait de confirmer par serment la vérité de leur récit de l'Apparition du 17 janvier, leur garantissant qu'aucun mal ne leur serait fait, s'ils ne croyaient pas pouvoir, en conscience, maintenir intégralement leurs attestations précédentes, mais les menaçant d'une manière foudroyante des châtiments divins du parjure, s'ils osaient garantir, sous la foi du serment, une chose qu'ils ne tiendraient pas pour vraie et certaine. Sans être aucunement troublés par cette terrible mise en demeure, les deux petits garçons et les deux petites filles prêtèrent serment sur le Christ et l'Evangile, déclarant que Dieu leur était témoin de la parfaite vérité de tout ce qu'ils avaient affirmé. » (*Notre-Dame de Pontmain*, par Yves DE LA BRIÈRE.)

Le 5 mai, mourut Eugène Friteau, ce petit garçon malade, apporté le 17 janvier devant la grange, enveloppé dans des couvertures et qui, lui aussi, avait vu l'Apparition. Nous avons vu que, à cause de son intelligence précoce et de la connaissance qu'il avait des principales vérités de la religion, M. le Curé lui donna la Sainte Communion sur son lit de mort. A cette époque, les enfants ne communiaient pas avant dix ans, et le petit Eugène n'en avait que sept. Une exception fut faite en sa faveur. Avant de communier, et sur le point de mourir, l'enfant attesta que, lui aussi, il avait vu la Sainte Vierge comme les autres enfants. Sur sa tombe, dans le cimetière de Pontmain, un bas-relief représente le petit Eugène en contemplation devant l'Apparition du 17 janvier.

Le 2 juin, César Barbedette, le père des deux voyants, mourut dans les sentiments d'une grande piété.

Le 17 du même mois, le dernier des trente-huit jeunes gens de Pontmain qui étaient partis pour défendre leur patrie, rentra au pays après de longs mois de captivité en Allemagne. Trente-huit étaient partis, trente-huit rentrèrent dans leurs foyers. Les prières dites pour eux avaient été exaucées. La Vierge de l'Apparition avait sans doute voulu donner cette preuve de protection particulière comme un don de joyeuse arrivée dans la paroisse de Pontmain.

Les pèlerinages se multipliaient au lieu où la Sainte Vierge était apparue. Les paroisses voisines y venaient en procession. L'autorité diocésaine était de toute part sollicitée de se prononcer. Monseigneur Wicart attendait toujours.

Le 5 décembre, une nouvelle enquête eut lieu, non plus, cette fois, à Pontmain, mais à l'évêché de Laval, où l'on fit venir les voyants et les voyantes.

Au sujet de cette enquête à l'évêché, quelques pittoresques souvenirs ont été gardés par le R. P. Joseph Barbedette... « Lorsqu'on le conduisit dans le salon de Monseigneur, c'était la première fois qu'il voyait un parquet ciré. Alors, il s'élança joyeusement avec ses gros souliers ferrés, sur la magnifique surface lisse du parquet, transformée par lui en glissoire analogue à celle de l'eau glacée de l'étang de Pontmain. Arrivé à l'extrémité du salon, il tamponna violemment la porte du fond qui s'ouvrit à l'instant même, et le petit campagnard se trouva en face de l'évêque de Laval qui lui pinça paternellement l'oreille.

» Tandis que l'un des quatre voyants comparaissait devant les commissaires épiscopaux, les trois autres enfants attendaient leur tour dans un parloir dont la porte était vitrée. Un chanoine allait et venait fréquemment pour observer, à travers la vitre, l'attitude des petits voyants. Ceux-ci trouvèrent que l'enquête officieuse du chanoine devenait indiscrète et abusive. Jeanne-Marie Le

Bossé, depuis religieuse de la Sainte-Famille à Talence, près Bordeaux, enleva son tablier et l'épingla solidement contre la porte, pour aveugler le vitrage et décourager le chanoine. » (*Notre-Dame de Pontmain*, Yves de la Brière.)

XIII

Le Jugement de l'autorité épiscopale.

Enfin, après une année au moins d'examens, d'enquêtes, d'investigations et d'études de toutes sortes, l'autorité diocésaine prononça son jugement sur l'Apparition de Pontmain.

Un mandement épiscopal parut le 2 février 1872, fête de la Purification de la T. S. Vierge. Nous donnons la partie la plus importante de ce document. En effet, cette lettre de l'évêque de Laval constitue un monument de science théologique, de discussion prudente et éclairée.

« ... Ce qu'étaient les enfants avant la journée du 17 janvier, ce qu'ils n'ont pas cessé d'être, c'est-à-dire des enfants sages et pieux, ce que nous apprirent nos observations propres et personnelles touchant leurs caractères et leurs qualités intellectuelles et morales, nous l'avons brièvement exposé déjà.

» Dans le cours de deux enquêtes canoniques, on demande à l'un d'eux s'il n'aurait pas fait chose louable et bonne en imaginant l'Apparition, afin d'exalter la puissance et la gloire de Marie. Et il répond : « Non, le mensonge n'est jamais permis. » Les autres, interrogés à leur tour, déclarent, en termes identiques pour le fond, qu'à aucun prix, ils ne consentiraient à se rendre coupables de mensonge.

» Mais oseraient-ils maintenir leur dire en face de la mort, au moment de paraître au tribunal du Souverain Juge ? Sans ombre d'hésitation, ils répondaient : « Oui ! » N'auraient-ils pas au moins quelque crainte ? « Non ! réplique l'enfant de dix ans, la plus jeune des petites filles, car en le disant, je n'ai pas commis de péché. »

» Mais peut-être ces enfants, au souvenir du double prodige de Lourdes et La Salette, ont-ils conçu la pensée et l'espoir de voir un jour quelque chose de semblable ? Non, aucun d'eux n'a lu un récit circonstanciel de ces prodiges; aucun d'eux n'a vu une seule des images ou représentions si répandues cependant, qu'en ont données la gravure et la statuaire. Le peu qu'ils avaient su de ces deux apparitions, antérieures l'une et l'autre à leur entrée dans la vie, ne s'était conservé dans leur mémoire que comme un souvenir à demi effacé, et, pour toute réponse à la question qui leur était adressée, l'un des jeunes garçons et l'une des jeunes filles disaient à peu près dans les mêmes termes : « Je n'espérais voir la Sainte Vierge qu'au ciel ! »

» L'Apparition imaginée par les enfants ! Mais est-il personne qui ne voie au premier coup d'œil à quelles invraisemblances, pour ne pas dire à quelles impossibilités morales, vient se heurter une semblable supposition ?

» Il s'agit, ne l'oublions pas, Nos très chers frères, d'enfants de dix à douze ans. « Ils sont — au moins trois d'entre eux — d'une constitution plutôt lymphatique que nerveuse, d'un caractère parfaitement tranquille et peu facile à émouvoir. » Tous ont été élevés dans la simplicité qui convient à leur âge et à la modeste condition de leurs familles ; et les facultés de leur âme, l'intelligence, l'imagination, la mémoire, ont reçu à peine le commencement si limité de culture que peut offrir une école primaire de village. Et pourtant, c'est par ces imaginations si jeunes et si peu cultivées qu'aurait été créé ce splendide tableau avec ses aspects changeants, ses phases multiples et si variées, avec cette multitude de circonstances, toutes également extraordinaires, se succédant dans un ordre merveilleux, et par une coïncidence plus merveilleuse encore, répondant du moins quelques-unes, les plus remarquables d'entre elles, au sens des prières chantées par la foule, non sur leur demande, mais sur l'ordre du pasteur de la paroisse et sous la direction des Sœurs institutrices ! Et ces enfants, en qui il faut bien reconnaître un certain degré d'habileté et de prévoyance, auraient osé affronter l'éclat et la solennité d'une épreuve sur la place publique, pour y débiter leur fabuleuse invention, non en société d'un petit nombre de leurs compagnons d'enfance, mais en présence de quiconque voudrait entendre leurs étranges récits ! Et ils auraient pu soutenir leur rôle pendant deux et trois heures sans que le moindre désaccord, la plus légère hésitation, aucun indice d'aucun genre eût trahi leur imposture ! Ils auraient réussi, au contraire, grâce à l'apparente simplicité d'une joie et d'un enthousiasme menteurs, non seulement à captiver et à retenir comme sous un charme durant ces longues heures et malgré les rigueurs du froid, les cinquante et soixante témoins de tout âge et de toute condition qui se pressaient autour d'eux, mais encore à triompher de leurs doutes, de leur méfiance, ou de leur incrédulité !

» Ce n'est pas tout, d'ailleurs. Si l'on admettait que l'Apparition a pu être conçue et naître dans le cerveau de quelqu'un des enfants, évidemment il faudrait admettre aussi qu'elle n'en est pas sortie comme d'un seul jet et tout d'une pièce. Cet ensemble de choses, si bien coordonnées entre elles, ne pourrait être que le fruit de longues et laborieuses combinaisons. L'inventeur et ses complices auraient dû nécessairement se voir, se concerter, régler en commun tous les détails de la mise en scène et se pénétrer profondément de tout ce qu'il serait convenu de dire et faire. Or, cette hypothèse d'un concert ou d'une entente préalable tombe d'elle-même devant les preuves que nous allons produire.

« Interpellés sur ce point dans l'une et l'autre

enquête, ces chers enfants — et, dans la dernière, ils avaient fait serment sur les Evangiles — ont protesté avec autant de calme que d'assurance qu'il n'a existé entre eux aucune entente d'aucun genre, « ni avant, ni pendant, ni après » l'événement.

» Ces protestations, il est vrai, et nous en convenons sans hésiter, ne sauraient suffire seules pour dissiper tout doute sur l'existence d'un plan préparé d'avance par les enfants. Il faut d'autres témoignages, des témoignages sûrs et désintéressés qui servent d'appui et de garant à leurs affirmations, même les plus solennelles. Ces témoignages, nous vous les apportons, Nos très chers Frères. Presque à la dernière heure, au moment où s'achevait le travail que nous livrons aujourd'hui, nous avons voulu entendre nous-même, une dernière fois, plusieurs des témoins appelés à l'enquête du mois de mars.

» Ce sont d'abord les Sœurs institutrices, dont nous avons constaté avec un soin rigoureux le zèle et l'intelligente vigilance. L'une et l'autre ont affirmé avec serment que, ni le jour où le fait s'est produit, ni les jours précédents, les quatre enfants n'ont eu entre eux ni rapports particuliers, ni aucune communication. L'une d'elles avait dit auparavant : « Je signerais de mon sang que les enfants ne se sont pas concertés entre eux », et l'autre : « C'est le cri de ma conscience que les enfants n'ont subi d'aucun côté aucune influence. »

» Le vénérable curé, qui administre la paroisse

de Pontmain depuis plus de trente-cinq ans, M. Michel Guérin, que ses vertus, bien plus encore que ses années, recommandent au respect de tous, interrogé à son tour, nous répondit : « J'atteste devant Dieu qu'il est impossible que » les enfants se soient concertés; devant Dieu, » j'affirme qu'ils n'ont voulu ni « tromper, ni » nous tromper. »

» Déjà, dans la première enquête, le digne pasteur, invité à dire quelle était leur conduite, avait répondu : « Très bonne, incapables de mentir et très pieux. Ils faisaient beaucoup d'exercices de piété extraordinaires depuis le commencement de la guerre, et ils continuent encore. » Et quelques jours après, huit nouveaux témoins affirmaient sur les saints Evangiles l'entière sincérité des enfants.

» A la suite de témoignages si nets, si précis, et plusieurs fois si énergiquement exprimés, nous ne craindrons pas de reproduire même le témoignage de la mère des deux jeunes garçons.

» Sans doute le cœur d'une mère peut paraître suspect d'indulgence exagérée en ce qui touche ses enfants; mais il s'agit ici d'une femme d'un esprit droit et juste, d'une mère vraiment chrétienne, dont la parole emprunte une nouvelle autorité à la sainteté du serment qu'elle a prêté comme tous les autres témoins cités à l'enquête. Or, elle déclare que « jamais » ni elle, ni son mari, n'ont aperçu que les enfants aient fait le plus petit mensonge, et que personne au monde n'a pu leur donner l'idée de mentir et d'inventer le fait.

» Pour clore enfin cette série déjà longue de témoignages, nous extrayons quelques lignes encore de la première déposition de l'une des Sœurs institutrices. « Je ne crois pas, dit-elle, que les enfants fussent capables de mentir. » Et sur cette seconde question qui lui est adressée : « Quelle est leur conduite ordinaire ? » Voici sa réponse : « En tous, il y a un peu de légèreté, mais point de malice; tous sont fort obéissants et pieux, faisant beaucoup de prières ».

« Ce seraient cependant ces enfants dociles, craignant Dieu, ennemis de tout mensonge, qui auraient brusquement passé tous les quatre, sans aucune exception, de la plus grande réserve à la plus audacieuse invention qui se puisse concevoir dans un âge si tendre, et de la plus constante piété à la plus sacrilège comédie, où Notre-Seigneur Jésus-Christ et sa sainte Mère auraient été indignement joués !

» Et cela, au milieu du deuil de la patrie entière, quand l'angoisse était dans toutes les familles, la tristesse dans tous les cœurs; quand eux-mêmes avaient un frère pour lequel ils priaient tous les jours, et qui pouvait être déjà tombé sous le fer ou sous le feu de l'ennemi prussien ! Non, non, ces vertueux enfants ne se sont pas transformés tout d'un coup en imposteurs sans honte ni frein; non, c'est impossible, et votre raison et vos consciences, nous n'en saurions douter, Nos très chers Frères, le proclament non moins haut que la nôtre.

» Soit, pourrait-on dire; mais s'ils n'ont pas

voulu tromper, d'autres ont pu les tromper eux-mêmes en leur suggérant l'erreur où ils sont tombés. L'imagination ardente fait aisément accepter, surtout à des enfants, des fables pleines de prestige. Nous le voulons bien. Mais où trouverez-vous ces imaginations ardentes et ces coupables instigateurs dans l'humble et obscur village de Pontmain ? Les deux petites filles étaient pensionnaires des Sœurs institutrices, l'une depuis l'âge de cinq ans et demi, l'autre depuis l'âge de trois ans. Elles vivaient donc à peu près en dehors de tout contact avec les personnes étrangères à l'établissement; et les jeunes garçons, élèves externes de cet établissement, formés dès lors aux salutaires habitudes de travail si bien conservées dans nos campagnes, passaient sous les yeux de leur père, et en partageant son labeur, les heures de loisir que leur laissait l'école.

» Quels étaient d'ailleurs les guides, les directeurs, les conseillers de tous les jours que suivaient seuls, en toute occasion, ces dociles enfants ? C'étaient uniquement leurs parents, leurs institutrices et leur vénérable pasteur. C'est par conséquent sur eux, ou du moins sur l'un d'eux, qu'il faudrait, contre toute raison et toute évidence, faire tomber l'horrible accusation d'avoir ourdi une si indigne et si cruelle trame. Nous vous le demandons à vous-mêmes, Nos très chers Frères, est-ce chose admissible ou même supposable ?

» Mais il est une autre question qui se pose comme d'elle-même, et qui, au jugement d'un grand nombre, pourra paraître importante entre toutes. Ces enfants n'ont-ils pas été les jouets d'une illusion ou d'une hallucination ? Cette question, nous ne le dissimulons pas, Nos très chers Frères, dès les premiers jours, nous parut sérieuse, et trop incompétent pour la résoudre seul, nous comprîmes dès lors qu'une commission médicale, aussi sûre et savante que les circonstances nous permettraient de la former, aurait à nous prêter le concours de sa bonne volonté et de ses lumières. Cette commission s'est aisément trouvée, et, le 5 décembre, se réunissaient à l'évêché : MM. les docteurs Gustave Regnault, professeur à l'Ecole de Médecine de Rennes; Anatole Bucquet, président du Conseil d'hygiène du département ; Emile Ponthault, médecin des hôpitaux de Mayenne, pour procéder à l'examen de la question spéciale que nous venons d'énoncer, et qui appartient essentiellement, et presque sous tous ses aspects divers, au domaine de la physiologie et de la médecine. Là, en notre présence, et en celle de la Commission désignée pour la seconde enquête, se présentèrent et furent examinés et interrogés l'un après l'autre les quatre enfants, uniques témoins oculaires du fait de l'Apparition (1).

» Dans le docte travail qui résume leurs observations et expose les appréciations de chacun, les médecins déclarent, à l'unanimité, qu'il est impossible d'expliquer le fait par une affection morbide

(1) Le mot *uniques* s'explique par ce fait qu'Augustine Boitin était trop jeune pour être interrogée, que Eugène Friteau était mort et que Auguste Avice n'avait voulu rien dire.

des yeux. « Les yeux des enfants, ajoutent-ils, » sont dans l'état le plus satisfaisant; et, d'ail- » leurs, aucune affection connue de l'appareil » visuel ne saurait produire un semblable effet. »

» La possibilité d'une illusion d'optique leur paraît également devoir être écartée; en l'absence de toute œuvre capable d'en provoquer. Aucun point lumineux n'existait à l'horizon, ni au voisinage. Les enfants, dont rien à l'avance n'avait surexcité l'imagination, voyaient tous simultanément le même objet, et l'indiquaient tous en même temps, sans s'être fait part de leurs impressions particulières. Rien, par conséquent, ne peut faire songer à une illusion, résultant chez quelques-uns de ces enfants du désir de voir le fait extraordinaire dont leurs camarades prétendaient être témoins.

» Mais pouvait-on admettre l'existence d'une hallucination de la vue ?

» Les médecins d'un commun accord ont également repoussé cette hypothèse, suivant laquelle une hallucination se serait produite simultanément avec la même forme, de la même manière, pendant le même temps, et un temps aussi long (trois heures), chez quatre individus. Ils voient dans l'hallucination le résultat d'un état anormal et morbide du cerveau qui reste personnel, non communicable, et rejettent d'une manière formelle une interprétation aussi peu raisonnable que celle d'après laquelle on voudrait chez des sujets différents d'humeur, d'allure et de constitution, généraliser un pareil fait.

» Les médecins concluent donc « qu'on ne
» saurait, en aucune façon, expliquer le récit de
» ces enfants, ni par l'existence d'une affection
» morbide des yeux, ni par illusion d'optique,
» ni par le fait d'une hallucination. »

» Tel est, Nos très chers Frères, le jugement porté par les représentants autorisés de la science médicale, que nous avions choisis pour suppléer à notre insuffisance personnelle. Vous ne nous reprocherez certainement pas la longueur des citations que nous avons empruntées à leur rapport; car il n'est personne parmi vous qui n'ait été ou qui ne sera frappé, comme nous, de la vive lumière que ces citations répandent sur un point qui aurait pu paraître obscur au premier abord; et, après les avoir lues ou entendu lire, vous serez pleinement convaincus que si la supposition d'une imposture et d'une collusion criminelle de la part des enfants est chose absolument inadmissible, la science humaine n'a rien de plausible non plus à objecter contre le fait affirmé par les enfants de Pontmain.

» Mais ne reste-t-il plus aucune difficulté à prévenir ou à résoudre, aucune ombre à dissiper? N'y a-t-il pas quelqu'autre hypothèse encore dont on puisse s'armer, sinon pour ébranler la certitude de l'Apparition entière, du moins pour en dénaturer l'origine ou le caractère? Cette apparition n'est-elle pas peut-être une illusion fantastique produite par quelqu'un de ces prestiges tels qu'on en trouve plus d'un exemple dans nos livres sacrés, et dont l'auteur n'est autre que Satan, le père du mensonge ? Ce n'est ici, Nos très chers Frères, ni le temps, ni le lieu d'entrer dans un long examen des signes auxquels se reconnaissent les opérations diaboliques, et moins encore d'entreprendre une discussion théologique pour montrer quelle puissance Dieu laisse aux anges de ténèbres et dans quelle limite cette puissance peut s'exercer.

» Nous demanderons seulement pour quel motif, pour quelle fin, dans quel intérêt aurait agi l'esprit séducteur, en faisant apparaître dans les airs cette femme mystérieuse, avec son brillant cortège d'étoiles, se rangeant avec une sorte de respect sous ses pieds et autour de sa tête. Eh quoi ! c'est lui, c'est Satan qui aurait provoqué cet admirable concert de supplications et de louanges qui, pendant de longues heures, n'a cessé de monter vers le trône de Dieu ! C'est lui qui aurait excité et les enfants et la foule à prier et à prier encore ! C'est lui, l'éternel ennemi de Dieu et des hommes, qui aurait de sa main tracé ces paroles : *Dieu vous exaucera en peu de temps !* Et cette infernale main qui aurait ajouté : *Mon Fils se laisse toucher*, pour révéler, quelques instants après, le nom de ce Fils lui-même, en écrivant en lettres de sang au-dessus de l'image du divin crucifié : *Jésus-Christ !* Satan se serait donc fait le héraut de la glorieuse maternité divine de Marie ! Mais comment se maintiendrait debout son empire, s'il travaillait ainsi lui-même à le détruire ? Non, non, une telle interprétation est absolument inadmissible. Satan est et sera toujours l'ennemi juré de Marie et de son culte. Et nous, Frères bien-aimés, nous continuerons, à la vie et à la mort, de la bénir, d'exalter sa miséricorde et sa puissance, et de l'invoquer avec une ardeur chaque jour renouvelée et plus vive de foi, d'espérance et d'amour.

» Notre tâche est accomplie, Nos très chers Frères, et il ne nous reste plus qu'à conclure.

» A ces causes et le saint nom de Dieu invoqué :

» Vu les procès-verbaux des deux commissions successivement chargées d'informer sur le fait de l'Apparition de la Sainte Vierge à Pontmain;

» Vu le témoignage écrit des docteurs-médecins appelés à émettre leur jugement sur les circonstances qui sont du domaine médical et physiologique;

» Vu le rapport et l'avis de la Commission de théologiens chargés d'étudier le fait précité au point de vue de la théologie, de la certitude philosophique et des formes juridiques;

» Considérant que l'Apparition ne peut être attribuée ni à la fraude ou à l'imposture, ni à un état maladif des organes de la vue chez les enfants, ni à une illusion d'optique, ni à une hallucination;

» Considérant que le fait excède les forces de l'homme, et celles de toute la nature corporelle et visible; que dès lors il appartient à l'ordre des faits surnaturels, ou du moins *préternaturels;*

» Considérant qu'il ne peut davantage s'expliquer par l'action des puissances diaboliques;

» Considérant qu'il porte, soit en lui-même,

soit dans l'ensemble des circonstances qui l'ont accompagné et suivi, le caractère d'un fait d'ordre surnaturel et divin;

» Avons déclaré et déclarons ce qui suit :

» ARTICLE PREMIER. — Nous jugeons que l'Immaculée Vierge Marie, Mère de Dieu, a véritablement apparu, le 17 janvier 1871, à Eugène Barbedette, Joseph Barbedette, Françoise Richer et Jeanne-Marie Lebossé, dans le hameau de Pontmain.

» Nous soumettons en toute humilité et obéissance ce jugement au jugement suprême du Saint-Siège apostolique, centre de l'unité et organe infaillible de la vérité dans toute l'Eglise.

« ARTICLE 2. — Nous autorisons dans notre diocèse le culte de la Bienheureuse Vierge Marie, sous le titre de Notre-Dame d'Espérance, de Pontmain...

« ARTICLE 4. — Répondant aux vœux qui nous ont été exprimés de toutes parts, nous avons formé le dessein d'élever un sanctuaire en l'honneur de Marie sur le terrain même au-dessus duquel elle a daigné apparaître...

« Et sera notre présent Mandement lu et publié..., etc..., le 2 février, fête de la Purification de l'Immaculée Vierge et Mère, Marie, 1872.

† CASIMIR-ALEXIS-JOSEPH,
évêque de Laval. »

XIV

Les Voyants et les Voyantes de Pontmain.

Quelque rêveur assis nonchalamment, vers le soir, en face de la nuit étoilée, dans le calme tiède d'une saison heureuse, laisse son esprit errer à travers les espaces : il peut donner des formes à ce qu'il imagine, se suggestionner lui-même et croire que de célestes personnages parcourent les sentiers du firmament. A Pontmain, rien de tout cela. C'est le froid qui fait souffrir et qui force bien vite les ailes de l'imagination à se replier, car rien n'est déprimant comme la douleur physique.

Les témoins de l'Apparition la contemplent, non pas un moment, mais pendant plus de trois heures : ils la voient longuement, obstinément. « Oui, répètent-ils sans cesse aux interrogations anxieuses, c'est toujours pareil ! »

On sent dans la foule une certaine lassitude.

A cause de la rigueur du froid, on se réfugie dans la grange. Mais les enfants ne ressentent rien. Tout entiers à leur vision, ils la contemplent, l'acclament, en jouissent. Ils n'en reviennent pas de leur étonnement, quand on leur affirme que les autres ne voient rien. Ils insistent, veulent comme forcer ceux qui les entourent à voir comme eux, en indiquant tous les détails de l'apparition. — Sous cette grosse étoile, au haut du trépied, c'est là qu'est la tête de la belle Dame... — Et ils décrivent tout minutieusement.

Le curé lui-même, malgré son ardente piété, trouve que cette manifestation céleste est un peu longue. « Nous allons dire les prières du soir, dit-il, et si la vision continue, nous prierons encore. » C'est inconsciemment vouloir donner congé à la Sainte Vierge. Que voulez-vous ? La nature réclame. La plupart de ceux qui sont là n'ont pas pris leur repas du soir; il fait un froid glacial; on est fatigué de prier et de chanter. « Voyez-vous encore ? a-t-on souvent répété. — Oui, c'est toujours pareil ».

Eh bien, supposons, ce qui est absurde, supposons que les enfants se soient concertés, n'auraient-ils pas saisi au plus vite l'occasion de se tirer avec honneur de leur supercherie ? La chose leur était facile. Comment devaient-ils tout naturellement achever leur œuvre ? L'un d'eux, Eugène Barbedette, par exemple, aurait dit depuis longtemps : Ça commence à disparaître. On voit moins bien... Et puis : nous ne voyons plus. En effet, tout prolongement inutile et maladroit de leur fourberie pouvait les perdre.

La fin de la vision fut aussi extraordinaire que son commencement. Un voile blanc monte de bas en haut devant la Dame. Les anges, qui sans doute étendaient ce voile, ne pouvaient agir envers leur reine d'une manière plus respectueuse.

La Dame, aux yeux des enfants, ne s'efface pas, ne s'évapore pas : pourtant elle va repartir pour le ciel. Elle envoie ses derniers sourires d'adieu.

Le voile étendu de haut en bas eût d'abord caché la tête, puis les pieds. Or, si les anges n'avaient laissé voir que les pieds de la Vierge, ne fût-ce qu'un instant, il semble qu'ils eussent agi avec moins de vénération. Au contraire, ils laissent visible jusqu'au dernier moment le visage de la Vierge.

Etudiez tous les détails de l'apparition : sa manifestation première, ses différentes phases, sa disparition, son adaptation parfaite aux événements, ses enseignements, son but... vous serez obligés d'admettre que si le petit paysan de douze ans, Eugène Barbedette, a tout organisé, il apparaît comme un des génies les plus prodigieux qui aient jamais existé sur la terre.

— Les enfants, dira-t-on, ont pu, en se concertant, mettre en commun leurs facultés inventives. Mais alors il y aurait eu forcément des tâtonnements, des hésitations, des reprises. A cause du mauvais accueil fait à certains détails, ils auraient été tentés de rectifier. Cherchent-ils à se reprendre, à s'excuser, à dire qu'ils n'ont peut-être pas bien vu ? Jamais. *Est, est; non, non*. Cela est, ou cela n'est pas. Voilà tout ce qu'ils disent.

Les enfants créant difficilement de toutes pièces des choses nouvelles, ils auraient tout naturellement cherché à reproduire des visions connues. Or, à Pontmain, tout est nouveau, rien ne rappelle les apparitions de La Salette et de Lourdes. La belle Dame n'a pas une forme lumineuse et transparente comme à La Salette : elle n'a pas une robe blanche et une ceinture bleue comme à Lourdes. Où trouver ailleurs cette mise en scène avec des phases successives qui se déroulent lentement, merveilleusement, pleines d'enseignements mystérieux et de surnaturelles beautés ?

Après l'apparition, si on suppose que tout a été inventé, quelles transes, quelles agitations, quelles craintes dans l'âme de ces pauvres enfants ! Si un seul allait tout dévoiler, manquer de courage pour soutenir l'effrontée fourberie ! Qu'une des petites filles surtout, dont le caractère est plus changeant, faiblisse ne fût-ce qu'une minute; qu'elle hésite, qu'elle se mette à pleurer, qu'elle s'excuse : tout l'échafaudage s'écroule !

Mais non, tous sont tranquilles, ils ne s'attristent pas; ils dorment de tout leur cœur, la nuit suivante. Sans effronterie, comme sans faiblesse, avec bonne humeur, ils racontent simplement ce qu'ils ont vu; ils ne se troublent devant aucune confrontation, ni aucun serment, ne cherchent jamais à se consulter mutuellement avant de répondre. Ils sont si sûrs d'eux-mêmes qu'ils s'amusent et se livrent à des espiègleries enfantines avant de paraître devant les savants ou devant l'évêque. Or, s'imagine-t-on ce qu'est un évêque aux yeux de jeunes enfants élevés dans la crainte de Dieu et dans les plus respectueux sentiments à l'égard de ses ministres ?

Qu'on ne dise pas : les enfants ayant commencé à mentir continuèrent à le faire, se sentant pris comme dans un engrenage. Leur petite vanité fut flattée de l'attention qu'ils excitaient partout. Ils jouirent de leur succès... C'est là leur prêter à tous, et bien gratuitement, une perversité effroyable. On oublie qu'ils étaient tous foncièrement chrétiens et par là-même sujets à éprouver des remords qui auraient empoisonné toute leur vie. S'imagine-t-on d'ailleurs que le rôle de voyants et de voyantes soit si facile et si agréable à jouer.

Pauvres enfants ! Toujours observés, toujours interrogés, toujours obsédés, toujours poursuivis par les curieux plus ou moins discrets et délicats dans leurs paroles et leur attitude ! Ne plus s'appartenir à soi-même ! Etre toujours considérés comme des personnes différentes des autres et à qui on sera tenté de reprocher les fautes les plus légères ! Cette surveillance, cette obsession doit à la longue devenir insupportable.

M. de la Haie, le propriétaire des Barbedette, s'était réservé une chambre dans la maison de ferme; il y venait passer quelques semaines. Après l'apparition, les allées et venues d'étrangers l'agacèrent tellement que parfois il ouvrait sa fenêtre et crachait sur les curieux. Si cette obsession était insupportable à M. de la Haie, qui n'en souffrit que quelques jours, combien à plus forte raison ne devait-elle pas importuner tous les voyants.

A Lourdes, après l'apparition, Bernadette Soubirous fut employée comme servante chez les Religieuses. Plusieurs fois on fut obligé de l'exiler du pays pour la soustraire aux curieux. Un jour, étant tombée malade chez les Religieuses, elle dut s'aliter. Comme elle souffrait beaucoup, on voulut la plaindre. « Je préfère encore, dit-elle, être malade et passer la journée dans mon lit que d'aller à tout instant au parloir de la communauté pour répondre aux interrogations. »

Je suis persuadé que les voyants et voyantes de Pontmain, pour échapper à tous les ennuis, furent parfois tentés de dire : « Vous nous fatiguez; laissez-nous en paix ». S'ils avaient osé mentir, ils auraient ajouté : « Eh bien, non, nous n'avons rien vu; passez votre chemin; mais, de grâce, laissez-nous tranquilles ».

Une apparition une fois bien établie reste prouvée pour toujours, quelle que soit plus tard la conduite des voyants, qui restent faibles et sujets à l'erreur comme le reste des hommes; néanmoins, il n'est pas sans intérêt de savoir quelle fut plus tard l'attitude et la vie de tous les témoins du prodige.

Nous avons dit que le petit Friteau mourut en affirmant qu'il avait vu la Sainte Vierge.

Françoise Richer resta dans le monde. C'était une personne très franche et assez vive dans ses manières. Partout où elle vécut, elle laissa le souvenir d'une femme vertueuse, et même pieuse, mais sans l'ombre d'originalité ou d'exagération quelconque. De condition pauvre, elle gagna sa vie comme domestique, ou comme institutrice-adjointe. Pendant plusieurs années, elle a fait la classe aux petites filles d'Entrammes, paroisse où se trouve la Trappe de Port-du-Salut. Vers la fin de sa vie, elle fut recueillie chez l'abbé Eugène Barbedette, chez qui elle mourut, à Châtillon-sur-Colmont, en 1895. Françoise Richer, pas plus d'ailleurs qu'aucun autre des voyants ou voyantes, n'eut, depuis l'événement du 17 janvier 1871, aucune autre vision, ni ne se prévalut d'aucune révélation surnaturelle.

D'ailleurs aucun des quatre principaux voyants ne fut ce qu'on pourrait appeler un mystique. Pendant trois heures, le ciel s'était ouvert devant eux. Ils dirent simplement ce qu'ils voyaient et continuèrent à affirmer ce qu'ils avaient vu. Ils rentrèrent après l'apparition dans le commun des vivants. Ils eurent une existence différente, mais ils vécurent toujours vertueusement et sans jamais tirer vanité de la grande faveur faite à leur jeunesse.

Eugène et Joseph Barbedette, après des études de latin, entrèrent au grand séminaire de Laval. L'aîné, Eugène, fit toujours partie du clergé diocésain. D'abord vicaire à Renazé, il est maintenant curé à Châtillon-sur-Colmont. Pendant toute sa vie, il s'est montré un prêtre vertueux et zélé. Homme d'un caractère très droit, il n'admet pas les compromissions avec le mal ou l'erreur. Le principe qui semble inspirer toute sa vie est celui-ci : il ne suffit pas de croire, il faut conformer ses actes à sa croyance. On trouve parfois M. le curé de Châtillon un peu rigoureux dans ses jugements et sa manière d'agir; mais on lui pardonne, parce qu'on sait qu'il est plus sévère pour lui que pour les autres. Saint Paul a défini la foi : *argumentum rerum non apparentium.* Cette preuve des choses qu'on ne voit pas est apparue aux yeux d'Eugène Barbedette : il a contemplé des réalités cachées au reste des hommes. On peut donc dire que pour lui ce n'est pas la foi seule qui lui donne la certitude. La vue des choses divines a invinciblement confirmé sa foi. Comment à ses yeux l'ombre la plus légère pourrait-elle voiler ou obscurcir la vérité ? Il a vu, il croit, et il conforme à sa foi toute sa conduite.

Joseph Barbedette est entré dans la Congrégation des Oblats de Marie-Immaculée. D'une constitution physique plus délicate que son frère aîné, son état de santé l'oblige à prendre beaucoup de précautions. Un repos relatif et l'air de la campagne lui sont nécessaires. Actuellement, il remplit les fonctions de curé dans la paroisse de Boulay. Lui aussi est un prêtre très zélé et très apprécié par ses paroissiens et par tous ses confrères dans le sacerdoce. Sur l'ordre de ses supérieurs qui firent un peu violence à son humilité, il a écrit le récit de l'Apparition dans un style précis, clair et élégant. Son opuscule avec celui de l'abbé Richard resteront les deux bases solides sur lesquelles doivent nécessairement reposer toutes les autres œuvres écrites sur l'apparition de Pontmain.

Jeanne-Marie Lebossé est religieuse dans la Congrégation de la Sainte Famille. Elle réside maintenant à Talence, près Bordeaux. A vingt ans, elle prit le voile, disant pour jamais adieu au monde. Elle vit ignorée, s'acquittant de son mieux de son double emploi de secrétaire de la Supérieure et de sacristine de l'humble chapelle de la communauté. On ignore autour d'elle que la Sœur Saint André (c'est son nom de religieuse), a eu dans son enfance le privilège insigne de contempler pendant plusieurs heures la Reine du Ciel.

On peut donc dire que tous les voyants et voyantes de Pontmain ont confirmé par leur vie entière, et quelques-uns en face de la mort, la sincérité de leurs témoignages.

XV

Quelques réflexions sur l'Apparition de Pontmain et sur les Pèlerinages.

L'Apparition du 19 janvier 1871 rappelle l'attention des théologiens sur des questions bien délicates et bien mystérieuses.

Le phénomène merveilleux fut-il *objectif* ou purement *subjectif* ? Saint Thomas conseille, en présence d'un fait extraordinaire, de choisir l'explication la plus simple. Comme la Vierge de

Pontmain ne fut pas visible à toute la foule, mais seulement à quelques privilégiés, il est probable que la vision fut subjective. Mais cela, au fond, importe peu. Le phénomène, inexplicable naturellement, a-t-il, oui ou non, un caractère miraculeux ? Toute la question est là.

Les juges de Jeanne d'Arc lui demandèrent un jour si saint Michel et sainte Catherine, qui lui apparaissaient sous une forme visible, avaient des vêtements ! « Croyez-vous, répondit-elle, que le Dieu du ciel n'ait pas de quoi habiller ses saints ?»

Jésus, la Sainte Vierge et les saints ou saintes qui ont apparu sur la terre étaient toujours vêtus.

Nous ne prétendons nullement disserter sur ces questions difficiles; qu'on nous permette simplement une réflexion. Dieu donnera aux élus tout ce qui peut contribuer à accroître leur gloire et leur bonheur. La matière elle-même sera associée à notre glorification : pour cela elle sera transformée et, en quelque sorte, spiritualisée. Tout a été fait pour les enfants de Dieu. Il est même conforme à la doctrine de l'Eglise de croire que les objets qui ont contribué à nos épreuves et à nos mérites seront associés à notre bonheur et à notre gloire. Non seulement nous adorons le Christ : mais nous vénérons aussi les instruments de sa passion : la croix, la lance, les clous, la couronne d'épine... Les saints dans leur triomphe sont souvent représentés avec les instruments de leur supplice : saint Paul avec un glaive, saint Laurent avec un gril, sainte Catherine d'Alexandrie avec une roue...

L'Eglise vénère comme des reliques non seulement les membres des saints, mais les vêtements qui leur ont appartenu. Si nous ouvrons les Saintes Ecritures nous trouvons des expressions qui peuvent faire croire que notre gloire au ciel sera rehaussée par des splendeurs inconnues, auxquelles on peut donner le nom de vêtements. C'est sans doute des bienheureux que parle Isaïe quand il dit : « *Laudabunt partem suam : propter hoc in terra sua duplicia possidebunt, lœtitia sempiterna erit eis.* « Ils seront contents de leur sort : dans leur nouvelle patrie, tout leur sera donné au double et ils jouiront d'un bonheur éternel. » (Isaïe, LXI, 7.) Un peu plus loin, le grand prophète ajoute : « Dieu fera la joie de mon âme : Il m'entoure des vêtements de mon salut (*induit me vestimentis salutis*); il me couronne comme un époux..., etc. »

Dante commente ainsi ce passage de la Bible :

Dice Isaïa, che ciascuna vestita
Nella sua terra fia di doppia vesta,
E la sua terra è questa dolce vita.

(*Parad.*, XXV.)

« Isaïe assure que chaque âme sera ornée d'un double vêtement, dans le monde qui lui est réservé; et ce monde est la vie bienheureuse. »

Souvent dans l'Ecriture il est fait allusion à ces vêtements de gloire : « *Circumcinxit eum zona gloriæ, et induit eum stolam gloriæ, et coronavit eum...* » (Eccl., XLV, 9). ... « Aux âmes des martyrs sont données des aubes blanches... » (*Apoc.*, VI, 9 et 11), ... « *Amicti stolis albis, et palmæ in manibus eorum* » « Les saints auront des vêtements blancs et porteront des palmes dans leurs mains. » (*Apoc.*, VII, 9.)

Beaucoup de théologiens pensent que les corps glorieux seront dans l'état où Dieu les a créés et que, s'ils nous ont toujours apparu avec des vêtements, c'était pour se conformer à notre mentalité de créatures déchues... Dieu ne nous a rien révélé sur ces mystères de l'au-delà.

Il est facile de se rendre compte qu'à Pontmain les vêtements de la Sainte Vierge, par leurs formes et leurs couleurs, avaient une signification conforme au but de l'apparition. Le diadème d'or n'avait aucun ornement, sinon un liséré rouge. Le voile de la Vierge était noir et sa robe sans taille et sans ceinture. Toutes ces particularités étaient bien propres à nous suggérer l'idée du deuil et de la pénitence. Nous avons d'ailleurs parlé assez longuement de tous les détails de la vision mystérieuse.

Mais pourquoi, dira-t-on. la Sainte Vierge apparaissait-elle avec des vêtements si différents de tous ceux qu'elle portait dans les apparitions précédentes ?

La Mère de Dieu veut sans doute que l'on garde un souvenir spécial de chacune de ses grandes manifestations parmi nous. Tout prodige éclatant a une raison d'être particulière. Or, justement, cette diversité de costume donne à chaque apparition une physionomie à part et contribue à mieux la graver dans l'esprit des chrétiens. La Mère de miséricorde veut sans doute que, dans tous les lieux où elle a paru, une nouvelle source de grâces soit ouverte et continue à couler jusqu'à la fin des temps. Elle convie tous ses enfants à aller y puiser un renouvellement de santé pour leurs corps et pour leurs âmes.

Voilà, croyons-nous, la raison d'être de toutes ces particularités qui différencient chaque apparition. D'ailleurs, si toutes les visions avaient eu une forme identique, les incrédules n'auraient pas manqué de dire que les voyants étant suggestionnés par les récits d'une apparition première, il était facile d'expliquer ensuite la formation dans leur cerveau de ce type imaginaire toujours le même.

Par ses manifestations si diverses, la Sainte Vierge réduit à néant les arguments des incrédules, tout en nous donnant des preuves nouvelles de sa miséricorde et de sa bonté.

Certains catholiques ne sont pas partisans des pèlerinages : ils n'y voient guère que des déplacements coûteux et inutiles. D'après eux, Dieu, la Sainte Vierge et les saints peuvent aussi bien être priés dans n'importe quelle église que dans ces rendez-vous tumultueux, où souvent l'on se réunit plutôt pour suivre la mode, ou son plaisir, que pour contenter une dévotion véritable. Ces chrétiens sévères aiment à citer le texte de l'*Imitation* de N.-S J.-C. : *Qui multum peregri-*

nantur, rarò sanctificantur. « Qui beaucoup pérégrine rarement se sanctifie » — Mais ces mots, d'après ce qui les précède, signifient qu'il ne faut pas compter sur la maladie pour se sanctifier, pas plus que sur de nombreux voyages ou pèlerinages (*peregrinantur*). Il n'en est pas moins vrai que beaucoup de pécheurs se convertissent pendant une maladie, de même que beaucoup d'incrédules de bonne foi peuvent ouvrir les yeux à la vérité pendant un pèlerinage. Quand l'auteur de l'*Imitation* a écrit incidemment son texte, la Sainte Vierge n'avait pas encore apparu à Lourdes, où elle a invité à venir en processions. Entre un mot mal compris de l'*Imitation* et un appel de la Sainte Vierge il n'y a pas à hésiter : il faut mieux suivre les conseils de celle qui a tant converti d'incrédules et de pécheurs.

La petite croix rouge que Marie avait à Pontmain sur la poitrine rappelle justement l'insigne que prennent beaucoup de pèlerins, surtout ceux qui vont à Rome. De sorte qu'à Pontmain comme à Lourdes on peut voir un appel fait aux chrétiens et un encouragement donné aux pèlerinages.

Si les lieux vénérés qui attirent les foules sont malheureusement parfois des rendez-vous de curiosité ou de plaisirs, ils sont surtout des écoles de prières et de sanctification. La foi comme l'incrédulité est contagieuse. Le fait de se trouver en contact avec des personnes ferventes peut exercer sur les cœurs froids et indifférents une influence salutaire.

Nous avouons que l'étranger qui arrive dans les lieux de pèlerinage célèbres est parfois mal impressionné par ce va-et-vient tumultueux de personnes de tout costume, de tout âge, de tout sexe et de toute condition. L'affluence de gens aux aspects si disparates, devant les étalages d'objets de dévotion ou aux portes des hôtels, ne porte guère au recueillement et à la piété. Hélas ! cela n'est que trop vrai. Mais, dans un pèlerinage, il ne faut pas s'arrêter à ce côté purement extérieur. Faites abstraction de tout ce désordre, de tout ce bruit, et même, si vous voulez, de tous ces chants parfois discordants et heurtés : voyez quels élans de foi, quel triomphe remporté sur le respect humain, cette hideuse lâcheté morale ! Pénétrez par la pensée dans la plupart de ces âmes, foncièrement religieuses, qui sont là justement pour se mettre en communion plus intime avec le ciel : vous vous sentirez dans un monde nouveau. Epanchements mystérieux, entretiens intérieurs, prières consolantes, plus claires visions du vrai et du bien, drames des cœurs soulevés par les grandes espérances et par l'éternel amour... tout cela reste invisible, mais les choses qu'on ne voit pas sont pour les mortels les véritables réalités.

Si nos pères entreprenaient de longs et difficiles voyages à Rome, à Saint-Jacques de Compostelle et aux sanctuaires les plus vénérés, on peut croire qu'ils étaient en cela inspirés de Dieu. Les apôtres, envoyés dans tout l'univers par Notre-Seigneur, revenaient parfois, en un pieux pèlerinage, dans la ville de Jésusalem, où le Christ était mort, comme pour se renouveler intérieurement au foyer de la grâce et de la vie.

L'erreur, a dit Bossuet, est une vérité dont on abuse. On peut dire que dans notre pauvre monde les institutions les meilleures, les dévotions les plus saintes, les usages les plus respectables ont occasionné des abus. L'Eglise, gardienne de la vérité et de la vraie sainteté, a pour mission de séparer le vrai du faux, de défendre le bien contre le mal et même contre l'abus du bien. C'est là son rôle et sa mission divine. Elle met en garde contre leurs abus, mais elle encourage les pèlerinages eux-mêmes. « Qu'ils soient condamnés ceux qui affirment qu'on ne doit pas honorer les reliques des saints ou qu'il n'est pas utile de se rendre aux sanctuaires où elles sont... Le souvenir des miracles et des exemples des saints ne doit pas être perdu. » (*Conc. Trid.*, Sess. XXV, I.) Les sanctuaires élevés pour perpétuer le souvenir des apparitions de la Très Sainte Vierge ne sont-ils pas aussi vénérables que ceux qui contiennent les reliques des saints ?

De nos jours surtout, on entreprend de longs voyages pour s'enrichir ou pour satisfaire une vaniteuse curiosité; pourquoi, dans un but plus élevé, ne quitterait-on pas, pour quelques jours, son foyer familial ? Il est bon de se montrer chrétien, non seulement à l'intérieur de sa maison, mais aux yeux de tous. Les pèlerinages sont une manifestation extérieure de nos croyances. Or, Dieu ne veut pas seulement être adoré en secret, mais il demande qu'on ne rougisse pas de Lui en public : il ne peut donc qu'être honoré et heureux de ces grandes manifestations de notre foi. D'ailleurs, tout déplacement est accompagné d'ennuis, de changements plus ou moins pénibles dans nos habitudes, de dépenses plus ou moins grandes : ces sacrifices que l'on accepte prouvent que l'on attache un plus grand prix aux grâces qu'on va demander.

Comme pour honorer notre monde sensible, le Christ a attaché des grâces particulières aux signes extérieurs des sacrements; pourquoi ne donnerait-il pas à certains lieux, à certains sanctuaires et même à certains objets une sorte de vertu spéciale afin de récompenser notre foi et notre confiance ?

Quand la Sainte Vierge a apparu à La Salette, à Lourdes, à Pontmain, elle s'est proposé de transmettre ses volontés par l'intermédiaire des enfants qui la virent; mais elle prévoyait aussi que des multitudes de chrétiens accourraient dans les lieux qu'elle honorait de sa présence. C'était là sans doute un motif de plus pour la déterminer à apparaître ?

Pontmain a été béni et sanctifié par Marie comme un lieu de prédilection. Bientôt, selon l'expression du P. Félix, Pontmain aura son temps. Là tout le ciel avec ses anges, avec sa reine, avec son roi, s'est abaissé tout près de la terre.

L'Apparition du 17 janvier 1871 ne fut pas seulement un prodige, ni un miracle particulier, mais un événement, une nouvelle révélation de Marie à la France, à l'Eglise et au monde. En quelques traits, pouvant être saisis par des enfants, Dieu rappela aux chrétiens les mystères les plus intimes et les plus profonds de la religion tout entière. A mesure que s'écouleront des années nouvelles, Pontmain, étant mieux compris, apparaîtra dans toute sa beauté et toute sa grandeur. Il faut un peu s'éloigner d'un monument colossal pour en apprécier les proportions.

Pontmain est merveilleux dans le passé, il le sera encore plus dans l'avenir.

Heureuse la France, si elle mérite de s'associer aux mystérieux triomphes que la Vierge, avant de nous quitter, semble avoir prédits dans les sourires de son maternel adieu !

Quelques Pièces justificatives inédites.

RECIT écrit par M. GUÉRIN, curé de Pontmain, sur son livre de paroisse, après le 17 et avant le 19 janvier 1871; on trouve, en effet, sur le registre, après ce récit, un événement daté du 19 janvier.

Apparition de la Très Sainte Vierge à Pont-Main, le 17 janvier 1871, commencée à 5 minutes avant 6 heures du soir, jusqu'à 20 minutes près 9 h., id. Trente à quarante personnes réunies pendant tout ce temps, interrogeaient à chaque instant les enfants qui en étaient témoins, savoir :

1° Eugène Barbedette, 12 ans, né à Pont-Main, ayant fait 2 communions.

2° Joseph Barbedette, 10 ans, né à Pont-Main.

3° Françoise Richet, 11 ans, née au Loroux, diocèse de Rennes, une communion faite.

4° Jeanne-Marie Le Bossé, 9 ans, née à Gosné, diocèse de Rennes.

5° Eugène Friteau, 6 ans 1/2, né à Pont-Main.

1° Eugène Barbedette dont il est question ci-contre, occupé à piler des ajoncs, voit au sortir de la grange, une grande dame vêtue d'une robe bleue parsemée d'étoiles d'or avec une chaussure de même couleur avec des boucles d'or. Elle avait un voile noir et au-dessus une couronne d'or et coupée au milieu par un cordon rouge. Cet enfant appelle plusieurs personnes pour être témoin du prodige. Personne ne voit rien, excepté son frère Joseph, cité de l'autre côté. Le père et la mère des enfants s'opposent à leur récit, les traitant de menteurs et de visionnaires, leur défendant de parler de ce qu'ils disent avoir vu, puis leur font réciter cinq Pater et Ave en l'honneur de la Sainte Vierge, dans la grange, afin de n'être vu de qui que ce soit. Les parents font souper leurs enfants, environ 6 heures du soir. Les enfants sortent une deuxième fois. Ils voient la même chose. Ils rapportent encore le même fait à leurs parents. Ceux-ci furent saisis d'une grande crainte, pensant que c'était l'annonce de la mort de leur fils qui est au service. La mère pria une des religieuses qui n'avait rien vu, non plus que les parents, de ne rien dire de cette vision, en réprimandant sérieusement ses enfants, et de ne rien dire de ce qui s'était passé.

La religieuse y conduisit au lieu dit de l'apparition, trois pensionnaires sans leur dire ce dont il s'agissait. Deux des pensionnaires furent extrêmement surprises et étonnées de voir ce dont il est question.

On va chercher M. le curé. Il arrive à l'instant, accompagné de plusieurs personnes et de quelques enfants. Personne ne peut rien voir à l'exception de Eugène Friteau, âgé de 6 ans 1/2 qui dit et assure avoir vu la Très Sainte Vierge. Il parut un moment, un cercle bleu autour de cette Dame, éloignée à peu près de 50 centimètres et une croix rouge sur le cœur.

2° Après avoir essayé de voir pendant plus d'une heure, les assistants se mirent à prier. On commença le chapelet dans l'intention que la Très Sainte Vierge manifesta sa volonté. Pendant le chapelet, la Dame grandissait et devenait belle de plus en plus et de petites étoiles se multipliaient sur sa robe (pour se servir du terme des enfants, c'était comme une fourmilière). Il leur semblait qu'elle marchait en montant, et par où elle passait, les étoiles se rangeaient et venaient se placer sous ses pieds.

3° Le chapelet fini, on chante le *Magnificat*. Au premier verset, il y avait sous les pieds de la Madone un jambage d'M. Lorsqu'il fût chanté, il y avait écrit en lettres majuscules semblables à celles des livres (expression des enfants) MAIS PRIEZ MES ENFANTS. Il est à remarquer qu'après le mot MAIS formé, il se passa plus de dix minutes sans se reformer aucune lettre. Les autres lettres se formaient une à une à peu près de trois à quatre minutes les unes après les autres. Elles avaient de 9 à 10 centimètres de hauteur.

4° La foule commença à chanter les litanies de la Sainte Vierge. Pendant ce temps, il se forma sur la même ligne : « DIEU VOUS EXAUCERA EN PEU DE TEMPS ». On chanta ensuite *Inviolata* et le *Salve Regina*. Il se forma un gros point après le mot TEMPS; ce point était gros comme un soleil (expression des enfants).

5° Sur une seconde ligne ces mots : MON FILS SE LAISSE TOUCHER : Les quatre enfants purent lire très facilement les mots écrits en lettres d'or. Ils nommaient tout haut les lettres à mesure qu'elles se formaient. On cherchait à les embrouiller sans pouvoir réussir. A chaque instant, la Dame riait avec les enfants qui étaient dans la jubilation et pour se servir de leur expression : VLÀ OÙ AIT RIT. Ils dirent cela plusieurs fois, à chaque instant, en frappant des mains. Elle prenait une figure triste quand on parlait ensemble.

6° On chanta le cantique *Mère de l'Espérance.* Elle éleva les bras à la hauteur des épaules, agitait les doigts et riait aux enfants. Jusqu'à ce moment, elle avait les bras étendus comme la Vierge est représentée sur la médaille miraculeuse. On chanta ensuite le cantique *Mon doux Jésus, enfin voici le temps de pardonner* : Une croix rouge longue à peu près de quarante centimètres parut dans ses mains. Il y avait au haut de cette croix un écriteau blanc, où on y lisait JÉSUS-CHRIST, écrit en toutes lettres rouges. Pendant tout le temps que dura le chant du Cantique, elle fut triste et semblait prier avec la foule.

Pendant le chant de l'*Ave maris stella*, la croix rouge disparut et ils virent une croix blanche sur chaque épaule. Dans le cercle bleu qui l'entourait, ils y virent quatre bougies qui furent allumées par une étoile qui partit de sous ses pieds et alla se reposer sur sa tête. Cinq minutes après, ils ne voyaient plus que la couronne. Enfin tout disparut.

Marie était placée entre le sud et l'ouest. Ceci est arrivé au milieu du bourg, presque vis-à-vis l'Eglise, et en présence de toutes les personnes réunies, et des enfants précités au commencement de cette narration.

Pour certitude du contenu :

M. GUÉRIN.
Curé de Pont-Main.

M. le chanoine ROULLEAUX, supérieur des Chapelains de Pontmain, possède l'original d'une lettre écrite le 18 janvier 1871, par Mlle Félicité FRITEAU, sœur de M. le maire de Pontmain. Mlle FRITEAU, présente sur le lieu de l'Apparition, écrivit le lendemain à son frère, employé à Ernée, chez Mme ROULLEAUX, la mère de M. le Chanoine.

Copie de cette lettre, dont nous respectons la ponctuation et l'orthographe.

« Hyacinthe, hier soir la Sainte Vierge a été vue au Pont-main par cinq enfants, les deux petit garçon à Barbedet et les deux petite pensionnaire et Eugêne de chez nous. Ils ont vu mais priez mes enfants Dieu vous exaucera en peu de temps mon Fils céleste touché. Les lettres disparurent après. En commençant elle avait une couronne sur la tête et une robe bleu et il y avait sur la robe des étoiles dorée; Tit à petit il se formé une croix sur son cœur, elle était toute rouge. Et tout le monde arrive à voir. Il n'y a eu que les enfants à la voir. Elle était entre quatre étoile. Plus ont prié, plus elle égrandissé, ont disait plus elle était belle. En commençant elle était comme l'Immaculée Conception. Quand il la regardait elle riait un peu, et puis elle venait triste et à la fin elle jouait des doigts sur eux. Elle avait une croix rouge dans ses mains. Il y avait un écrito. Au haut de la croix il y avait Jésus-Christ. Elle a apparu deux heures édemi. Elle avait un cercle alentour d'elle, il était bleu. Il y avait des bougies qui était a se cercle, il était allumé. Et puis, elle disparut jusqu'à la tête. Et puis il y avait sur ses épaules deux croix blanches. Et elle disparut et elle fut enveloppé entre deux nuages. C'était aussi blanc dans l'endroit ou elle a disparut. Bonjour à tout. Montre cela à Léocadie si tu veut.

» Félicité FRITEAU ».

EXTRAIT d'une autre lettre écrite de Pontmain et dont l'original est conservé.

Pontmain, le 26 janvier 1871.

« MON CHER FRÈRE,

« A peu près environ six heures du soir les deux garçons Barbedette était avec leur père à piler des ajoncs un des garçons sorti à la porte de la grange où ils étaient en face l'église il aperçoit une dame au dessus de la maison de Auguste Guidecoq en face l'église il raconte cela à ses parents qui ne pouvait rien voir se mirent à gronder leur enfans et les emmenèrent manger leur soupe, après leur soupe mangé les enfants disait qu'il voyait encore la Dame ce qui surpris beaucoup les parens la mère fut raconter cela à une des sœur qui vint aussitôt mais elle ne vus rien elle fut chercher trois pensionnaire sans rien leur dire de ce qui se passait deux virent la belle Dame la mère des garçons retourne les chercher, on fut chercher Monsieur le curé qui ne vu rien Tout le monde rassembla mais il ne voyait rien la belle Dame avait une robe bleu garnie d'étoiles d'or, des chaussures de même couleur avec des boucles d'or elle avait un voile noir et au dessus une couronne d'or tout le monde se mit à prier on commença le chapelet dans l'intention qu'elle dit sa volonté pendant cette prière elle grandissait de plus en plus on chanta le *Magnificat* il se forma des lettres que les enfans pouvait lire facilement mais priez mes enfants la foule commença de chanter les litanies de la Sainte Vierge et il se forma encore des lettres Dieu vous exaucera en peu de temps on chanta *Inviolata* et *Salve Regina* il se forma ces mots mon Fils se laisse toucher est bien d'autres chose que je te raconterais à ton retour car le papier ne me suffirait pas cela dura jusqu'à neuf heures du soir...

« Je suis pour la vie ta sœur Nathalie qui t'aime.

» Nathalie LEFIZELIER ».

DÉPOSITION de la Sœur TOUSSAINT, née AVICE, faite par écrit à l'aumônier de sa communauté, sur le cas de son jeune frère qui, lui aussi, aurait vu l'apparition de Pontmain.

« BON PÈRE,

« Je vais essayer de satisfaire votre désir en vous donnant les détails touchant le récit de l'apparition de la Très Sainte Vierge à Pontmain sur ce qui concerne mon jeune frère.

« Mon père était natif de Pontmain d'une famille aisée. Ma mère était native de Bazouges-du-Désert d'une famille riche; son père était d'un caractère faible et, aimant le jeu, perdit sa fortune et mourut jeune encore.

« Après leur mariage, mes parents s'établirent sur une terre à Pontmain, au village de la Bourbe, non loin du cimetière; la famille devint nombreuse, la santé de mes parents s'altéra de bonne heure, et mon père, n'ayant plus la force de travailler la terre, prit le métier de charpentier, et, en 1869, mes parents louèrent une maison dans le bourg de Pontmain, tout près de l'Eglise.

« C'est là que nous étions, lorsque le soir du dix-sept janvier 1871, la femme Guidecoq, que l'on appelait communément Mariette Lecoq, qui venait de se relever, car elle était tombée à genoux sans pouvoir se relever, lorsqu'elle s'était retirée, ne voulant pas croire au récit des voyants; ce ne fut qu'après avoir demandé pardon au bon Dieu, et fait un acte de foi qu'elle put se relever, et sur cette entrefaite elle vint chez mes parents; et s'adressant à mon père elle lui dit : « Basile, venez donc avec vos enfants devant la grange de Bérios (c'était sur ce nom que Barbedette était désigné) les enfants voient la Sainte Vierge. »

« Ma sœur et moi suivîmes mon père, qui prit sur ses bras mon frère âgé seulement de quatre ans.

« Arrivés sur le lieu, mon frère contemplait en silence la beauté de l'apparition, lorsque, un moment après, il dit doucement : Mon père, je vois bien aussi moi. Mon père lui dit : Qu'est-ce que tu vois ? Mon frère lui répondit : Je vois une belle grande dame, elle a une robe bleue et des étoiles dorées dessus comme dans l'église, mais bien plus belle. A cette époque la voûte de l'église était en effet peinte en couleur bleue parsemée d'étoiles dorées. Mon père lui dit pour l'éprouver : Tu ne sais pas seulement ce que c'est que du bleu. Mon frère reprit : Oh si ! Le dimanche, j'ai un gilet qui a des manches bleues, mais c'est bien plus beau.

« A ce moment, quelques grandes personnes dirent : Le petit Avice voit. Mais mon père reprit aussitôt : Est-ce qu'on peut se fier à un enfant de cet âge; il est comme tous les enfants, il répète ce qu'il entend.

« Cependant mon père dit à mon frère de lui parler

bas et mon frère lui disait de temps en temps : « Elle me regarde et elle rit ». Et s'aperçevant que le groupe se rapprochait de mon frère, mon père, avec un geste de sa main qui indiquait l'autorité, l'éloigna, et comme il craignait d'attirer l'attention, il dit à mon frère : Ne me dis plus rien, regarde seulement, tu vas nous dire à la maison ce que tu auras vu. Alors mon frère garda le silence, mais son regard fixe et attentif, sa figure rayonnante disaient clairement qu'il jouissait d'un bonheur extraordinaire. Nous restâmes jusqu'à la fin. Mon père ne voulait pas priver mon frère de son bonheur. Ma sœur et moi, nous grelottions de froid. Mon frère ne semblait pas ressentir la rigueur de la saison.

« Une fois rentrés à la maison, mon frère tout joyeux dit à ma mère : J'ai vu la belle grande dame, aussi. Il se mit à dépeindre son costume, désignant la couleur de sa robe, les étoiles dorées dont elle était parsemée, son voile noir et un chapeau doré sur la tête et ses souliers bleus avec du doré dessus, ne sachant pas s'exprimer autrement, mais il parlait surtout de son sourire, c'était ce qui l'avait rendu le plus heureux. Nous l'écoutions en silence, et puis mon père et ma mère causèrent ensemble tout bas, et ensuite mon père lui dit : Eh bien, mon petit Auguste, c'est la Sainte Vierge que tu as vue : il faut que tu la remercies de s'être montrée à toi; pense bien souvent à ce que tu viens de voir, mais je ne veux pas que tu en parles maintenant, et si on te demande si tu as vu la Sainte Vierge, tu diras : Je suis trop petit.

« Ensuite, s'adressant à ma sœur et à moi, il nous dit : Petites filles, vous ne parlerez à personne de ce que votre frère a vu, et si on vous interroge vous répondrez qu'il est beaucoup trop jeune, et il ajouta . Nous sommes pauvres, et l'on pourrait croire que c'est pour que l'on nous donne, et puis, nous vivons tranquillement et je ne veux point attirer le monde chez nous.

« Depuis ce jour, mon frère ne paraissait avoir d'autres préoccupations que de dire la messe et à cet effet, les chaises étaient très souvent dans un monceau, afin de bâtir son église et de prêcher et il se plaisait aussi à dire son chapelet, et dès que j'étais arrivée de l'école, il me fallait répondre le chapelet ou la messe, ce qui ne m'allait pas du tout.

« Au mois de septembre de la même année, le second de mes frères qui était au petit séminaire de Mayenne vint à mourir pendant ses vacances. Cette terrible épreuve acheva de ruiner la faible santé de mes parents et quelques mois après, sentant le besoin de repos, mon père voulut habiter une maison dans un village éloigné du bourg et choisit celui de Bel-Air. Néanmoins, le bruit continuait à se répandre que mon frère était un des enfants privilégiés et M. l'abbé Huchdé vint chez mes parents pour voir mon frère et l'interroger.

» Mon père ne lui permit pas de le voir. Au mois de septembre 1872, mon père vint à mourir et au commencement de mai 1873 ma mère le suivait au tombeau, ayant l'un et l'autre succombé à une maladie de langueur.

« Etant devenus orphelins, mous fûmes tous dispersés. Nous restions huit enfants : les deux aînés se chargèrent de nous.

« Mon frère, dont il est question, fut mis au collège apostolique de Poitiers et tomba malade, il vint ensuite à Laval et continua ses études au collège de l'Immaculée-Conception, lorsque sa santé fut rétablie.

« Etant venu nous voir à l'orphelinat, la maîtresse qui nous accompagnait le voyant un peu décidé, lui dit : Oh ! ça ne m'étonne pas que vous n'ayez pas vu la Sainte Vierge, vous êtes bien trop méchant. Mon frère qui avait sept ou huit ans, piqué de cette apostrophe, trahit son secret et répondit vivement : « Pardon, Mademoiselle, je l'ai vue, mais papa m'a défendu de le dire. » Notre maîtresse nous demanda si c'était vrai. Ma sœur qui était âgée de deux ans de plus que moi, fut embarrassée, car nous n'en avions jamais parlé. Après un moment d'hésitation, elle dit : Mon père avait ses raisons en nous défendant de dire ce que nous savions. Oh ! Mademoiselle, je vous en prie, n'en dites rien : cette parole a échappé à mon petit frère.

« Mais cette demoiselle ne tint pas compte de cette recommandation et, en peu de temps, tout le personnel de l'orphelinat en était instruit.

« Depuis ce jour, mon frère ne s'est pas compromis, si ce n'est lorsqu'étant religieux, il en avait parlé à ses supérieurs, parce que son silence sur ce fait l'avait gêné. C'est dans une de nos entrevues qu'il m'a fait cette confidence, depuis que je suis religieuse, et il m'a dit que ses supérieurs avaient approuvé la conduite de papa, et lorsqu'une fois seulement, je lui demandais s'il se souvenait encore de l'apparition de la Sainte Vierge, et si c'était bien elle qu'il avait vue. Il me dit : « C'est très vrai, et je m'en souviens comme au moment même. »

« Voilà, bon Père, ce que je puis vous dire, je ne sais rien de plus.

» Sr TOUSSAINT. »

Une des guérisons merveilleuses obtenues en invoquant Notre-Dame de Pontmain.

Nous lisons dans la *Semaine Religieuse* de Laval portant la date du 9 septembre 1899 :

Le 15 août 1899, jour de l'Assomption, à Pontmain, la Sainte Vierge invoquée sous le titre de Notre-Dame de la Prière a gratifié la paroisse de Saint-Georges de Reintembault (diocèse de Rennes) d'une faveur que le peuple chrétien appelle un miracle, tout en soumettant son jugement à celui de l'Eglise.

Cette faveur a été accordée à Maria Vaugeois, âgée de 16 ans, née à la Ferté-Macé, recueillie depuis trois ans à l'ouvroir de l'Orphelinat de Saint-Georges.

La maladie et la guérison de la jeune fille sont confirmées par les certificats de trois docteurs médecins, et la population de Saint-Georges pourrait témoigner avoir vu avec pitié, le dimanche à la messe, cette enfant rachitique et courbée, aujourd'hui droite et forte.

M. Lory, docteur-médecin à la Ferté, avait traité la jeune fille un an avant sa venue à Saint-Georges :

« Je certifie, dit-il, que Mlle Maria Vaugeois, âgée de 16 ans, était atteinte, il y a quatre ou cinq ans de scoliose, avec incurvation considérable de la colonne vertébrale. Elle a été traitée par moi, sans grand succès, à l'aide de médications phosphatées, secondées par des appareils orthopédiques. Cette affection ne me paraissait pas susceptible de guérir sans difformité; je n'espérais pas obtenir le redressement complet et durable de la colonne vertébrale, tellement celle-ci était déviée.

« En foi de quoi...

» La Ferté-Macé, 18 août 1899.

» Docteur LORY. »

M. Brénugat, docteur-médecin à Saint-Georges de Reintembault, écrit :

« J'ai vu la jeune Maria Vaugeois, le 6 avril 1899. Elle présentait une scoliose très prononcée, due à une altération des os de la colonne vertébrale : cette scoliose durait depuis trois ans. Elle portait depuis cette époque un corset orthopédique, avec une tige de fer à béquilles. Le 26 avril, la scoliose fait d'incessants progrès : un nouveau corset comprenant deux tiges de fer est appliqué, sans produire aucune amélioration. A la mi-juin, elle a le corps, malgré le corset, absolument replié latéralement sur lui-même. Depuis, elle s'est affaissée de plus en plus : tous les os se ramollissent. Pour moi, ainsi que pour les confrères qui l'ont visitée après moi, cette jeune fille était incurable.

« Je certifie l'avoir revue le 16 août 1899, à huit heures du matin. Je fus surpris de la voir droite, tenant à la main son corset orthopédique. Je l'examinai, et la colonne vertébrale, au lieu de former un S comme auparavant, n'avait plus aucune déviation...

« Je certifie en outre qu'aucune puissance humaine n'aurait pu la guérir, même au bout de plusieurs années de traitement, et j'attribue sa guérison à une puissance surnaturelle, cette guérison étant survenue lors d'un voyage à Pontmain, le 16 août 1899.

« Saint-Georges, 23 août 1899.

« Docteur BRÉNUGAT. »

J'ajoute à ce témoignage celui d'un autre docteur, M. Peltier, médecin-major à l'hôpital de Fougères :

« Je, soussigné, docteur en médecine, avons examiné, le 8 juillet 1899, la jeune Maria Vaugeois, âgée de 15 ans 1/2, pensionnaire malade de l'ouvroir de Saint-Georges de Reintembault, qui m'était adressée de la part de M. l'abbé Brassier, ancien aumônier de l'armée.

« Cette enfant était dans l'impossibilité de conserver la station debout, sa colonne vertébrale, quand elle n'était pas soutenue, s'incurvant dans tous les sens. A l'examen, je reconnus que Maria Vaugeois était atteinte d'ostéomalacie, soit de ramollissement osseux confirmé; et non seulement les os de la colonne vertébrale, mais même ceux des membres étaient atteints.

« En présence de lésions aussi graves, je dis à Mademoiselle la Directrice de l'Ouvroir qu'un séjour à l'hôpital de Pen-Bron serait des plus utiles à l'enfant, mais sans avoir beaucoup confiance toutefois dans cette ultime ressource.

« A ce jour, 19 août 1899, Mademoiselle la Directrice me ramène l'enfant marchant seule, ayant bonne mine, se tenant debout sans la moindre peine. Elle ne porte plus le corset à tuteurs latéraux, qui seul pouvait lui permettre de se tenir debout; car abandonné naturellement le tronc fléchissait auparavant dans n'importe quel sens. Je la fais déshabiller. L'examen à nu ne permet plus de retrouver les lésions osseuses apparentes constatées il y a un peu plus d'un mois.

« Entre temps, Maria Vaugeois aurait effectué un pèlerinage à Notre-Dame de Pontmain, et c'est au sortir de la Basilique qu'elle aurait récupéré la faculté de pouvoir marcher naturellement.

« J'ajoute qu'il n'y avait à mon premier examen ni

stigmates d'hystérie, ni lésions médullaires, ni mal d
Pott; mais simplement le ramollissement osseu
signalé. Aujourd'hui, la guérison est nette et indiscu
table, et c'est pour cela que je certifie les faits relaté
en toute sincérité. Du reste, nombre de mes collègue
pourront témoigner comme moi... ».

Que s'était-il donc passé ?

Le docteur consulté ayant conseillé un séjour à Pen-Bron, et nous, désirant par tous les moyens la guérison de l'enfant, nous envoyons à Pen-Bron le diagnostic du docteur. La réponse est qu'il ne faut pa envoyer la malade si le diagnostic est certain.

Abandonnée des hommes, l'enfant, qui désire tan guérir, demande à aller à Pontmain.

Aidée d'une de ses compagnes, elle y arrive trè péniblement, la veille de la mi-août, à 4 heures. Tou de suite, on va prier longuement à la Basilique.

Le lendemain, à 6 heures 1/2, la messe est dite pour sa guérison.

A 1 heure après-midi, les jeunes filles, assez découragées, retournent à la Basilique.

Sa compagne lui disait chemin faisant : « Il faut prier, vois-tu... La Sainte Vierge a dit : Mais priez, mes enfants... ».

Depuis 1/4 d'heure elles priaient, et souvent la compagne, regardant la malade, lui redisait : « Prie donc, prie donc, c'est la foi, vois-tu, qui va te guérir ». Au quart moins de 2 heures, l'enfant se tord dans des souffrances presque intolérables, et après dix minutes, se lève et s'en va. Sa compagne se précipite pour l'accompagner, de peur qu'elle ne tombe, mais ne peut la rejoindre qu'au bas des marches de la Basilique.

Là, elles se regardent étonnées : « Mais on dirait que tu serais guérie ? — Tiens, ce n'est pas malin à voir que je suis guérie ! — Eh bien ! qu'est-ce qu'on va faire ? — Il faut aller acheter un cierge. »

On consulte les ressources... Le logement payé, il ne devait rester que cinq sous.

Le soir, les Sœurs ne voulant rien prendre pour le logement, on rapporte deux autres cierges devant la statue de Notre-Dame. A 4 heures, on devait repartir. La voiture, avec quelques autres compagnes, attendait; mais la population, qui avait vu depuis la veille la jeune fille si courbée, si démantelée, ne voulait plus la laisser partir.

A 8 heures on peut s'embarquer en chantant le *Magnificat*. A 10 heures, la malade qu'on mettait au lit à deux, parce que ses jambes ne portaient plus même le faible poids du corps, monte quatre à quatre les escaliers et va embrasser la directrice et ses compagnes, en leur disant : « Je suis guérie ! »

Aujourd'hui, 2 septembre, elle continue d'être droite, forte, heureuse et guérie.

Saint-Georges, le 2 septembre 1899.

P. Brassier,

Recteur de Saint-Georges-de-Reintembault.

La guérison ne s'est jamais démentie dans la suite.

TABLE

Pages

IMPRIMERIE - LIBRAIRIE GOUPIL, LAVAL
(1989 - 23).

www.ingramcontent.com/pod-product-compliance
Ingram Content Group UK Ltd.
Pitfield, Milton Keynes, MK11 3LW, UK
UKHW022104260726
13993UKWH00001B/305